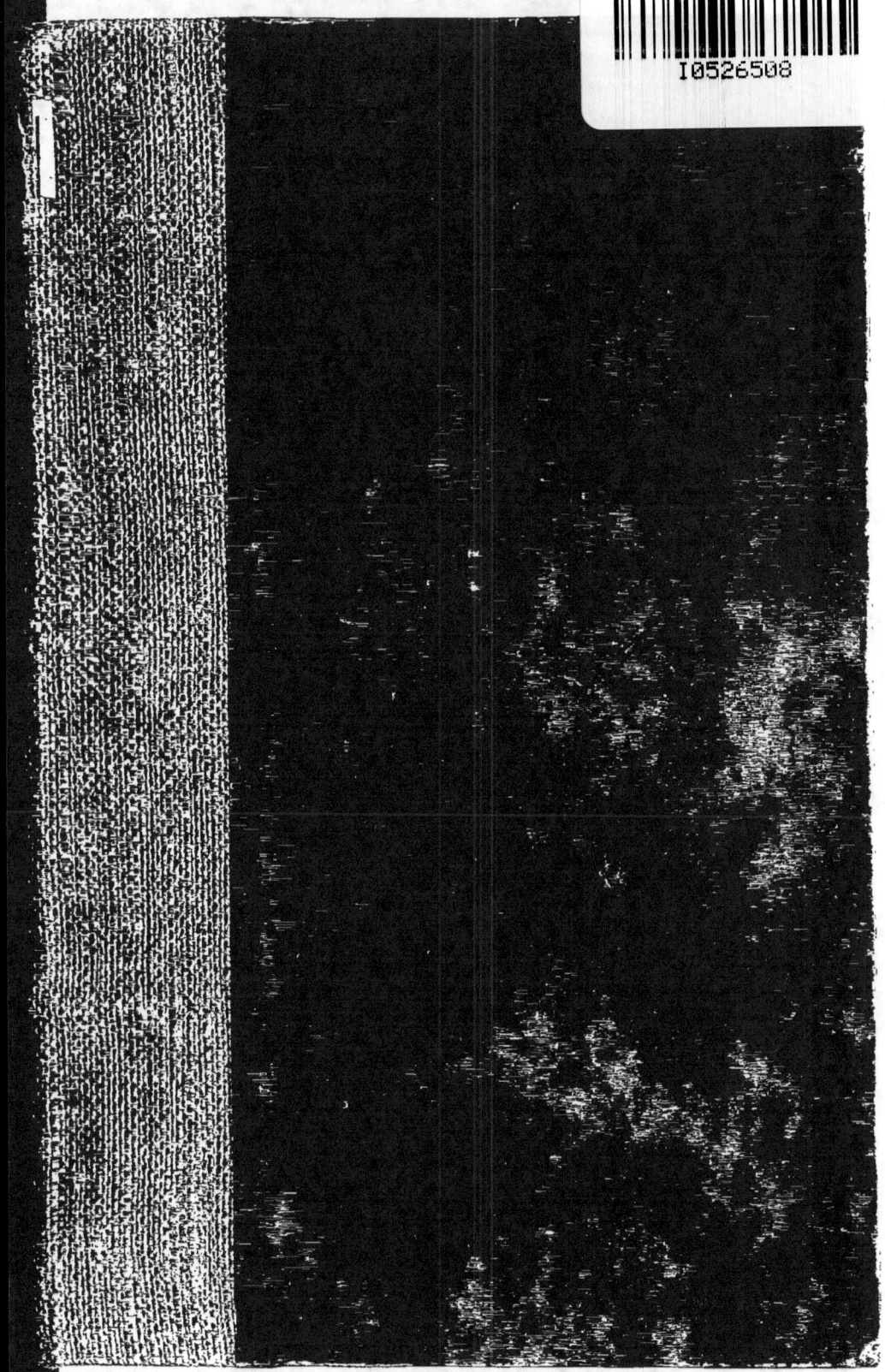

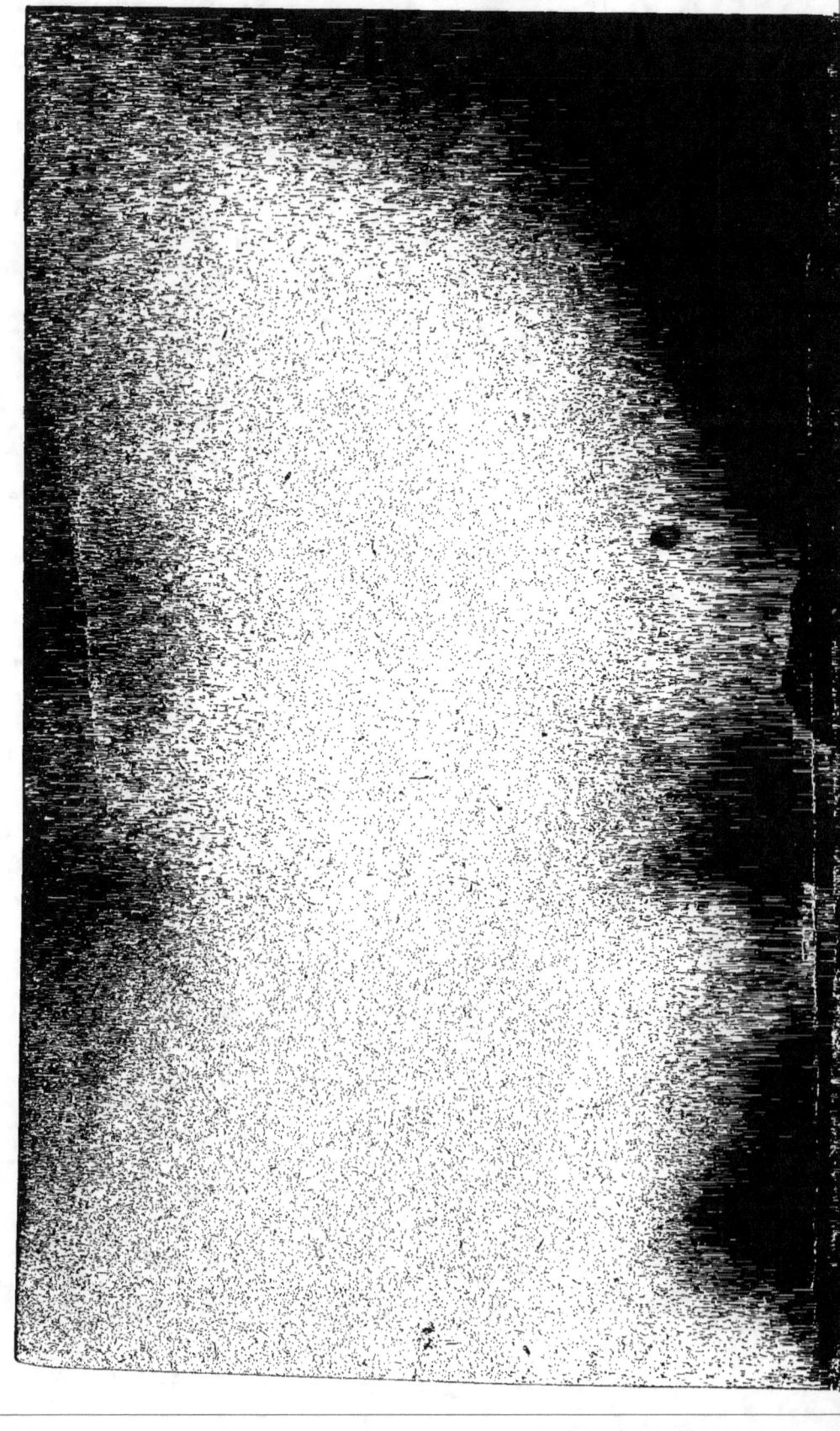

C.

CONTRE LE BILLET DE BANQUE

CONTRE

LE

BILLET DE BANQUE

PAR

Henri CERNUSCHI

DÉPOSITION ET NOTES

PARIS

LIBRAIRIE INTERNATIONALE

A. LACROIX, VERBOECKHOVEN ET Cie, ÉDITEURS

Boulevard Montmartre, 15

ET

LIBRAIRIE DE GUILLAUMIN ET Cie, ÉDITEURS

RUE DE RICHELIEU, 14

—

1866

PARIS. — IMPRIMERIE POITEVIN, RUE DAMIETTE, 2 ET 4.

TABLE DES MATIÈRES

DÉPOSITION

DEVANT LE CONSEIL SUPÉRIEUR DE L'AGRICULTURE

DU COMMERCE ET DES TRAVAUX PUBLICS

Séance du 24 Octobre 1865

Présidence de M. ROUHER

M. CERNUSCHI.—En parcourant le Questionnaire (1) que j'ai sous les yeux, je remarque que la première partie traite des *crises monétaires*.

Il me semble qu'il est utile de poser quelques principes sur l'institution monétaire en général avant de parler des crises moné-

(1) Le Conseil supérieur chargé de procéder à l'*Enquête sur les principes et les frais généraux qui régissent la circulation monétaire et fiduciaire* avait fait distribuer aux déposants un Questionnaire comprenant quarante-deux questions. Voir cette pièce à la fin du volume, page 133.

taires : lorsqu'on connaît l'état de santé on peut mieux étudier l'état de maladie.

Je suppose qu'il n'existe pas au monde d'autre pays que la France; je suppose que la France soit un État complétement isolé, qu'elle fasse ses affaires par elle-même, qu'elle prospère et qu'elle ait sa civilisation actuelle, tout en étant séparée du monde entier.

On est libre de supposer qu'il y aura dans cette France, ainsi isolée, une quantité de métal quelconque. Pour me rapprocher un peu des chiffres admis, prenons, par exemple, la quantité de 1 million et demi de kilogrammes d'or, c'est-à-dire 5 milliards de francs.

J'établis en principe que cette quantité de métal pourrait être doublée, triplée ou réduite à la moitié ou au tiers, et que cependant elle suffirait toujours. La France n'en serait ni plus ni moins riche.

En effet, tous les prix sont proportionnels à la quantité du métal monétaire existant. Ce métal représente une fraction de l'avoir général de la France, et cet avoir général de la France vaut le même multiple de cette fraction, quelle que soit la masse métallique dont cette fraction se compose.

J'appelle inventaire général l'ensemble de toutes les richesses de la société.

Tant que l'évaluation de cet ensemble de richesses n'est pas faite, c'est un inventaire ; une fois qu'elle est faite au moyen de la fraction monétaire qu'il contient, je l'appelle « un capital : le capital général. »

Tout le monde sait que la richesse d'un pays n'est pas constituée par la monnaie seulement et que l'or n'est qu'une partie de la richesse publique. Pourquoi l'or vaut-il une fraction de la richesse générale? Parce qu'il sert à remplir l'office monétaire, et qu'il n'y a pas une autre matière qui puisse faire aussi bien que l'or ce service monétaire.

Donc l'or a une valeur réelle, aussi bien que le fer ou les autres métaux, puisqu'il rend des services, à lui propres, que les autres matières ne peuvent pas rendre.

Quelle sera maintenant la proportion de valeur entre ce million et demi d'or pesant, c'est-à-dire entre ces 5 milliards de francs et tout l'avoir de la France? Combien de fois le capital général sera-t-il multiple du capital monétaire?

Cette proportion de valeur s'établit par l'utilité des services que rend la monnaie par rapport à l'utilité des services que rendent tous les autres biens.

C'est ici que se révèle un principe important, à savoir : que l'intérêt de la société est que cette quantité d'or vaille la moindre fraction possible de l'avoir général, en d'autres termes, que tout soit excessivement cher afin que l'or soit excessivement bon marché. Pourquoi? Parce que l'or est stérile. On ne peut ni le consommer ni le faire produire comme l'on consomme ou l'on rend productifs les autres biens: Étant donnés 5 milliards de monnaie, l'intérêt sur ces 5 milliards est toujours perdu pour ceux qui les détiennent, et quelqu'un les détient toujours.

Aussi le grand travail, la grande préoccupation des particuliers comme des banquiers, c'est de garder le moins d'argent possible. Aussi tous les négociants se servent de lettres de change ou ils ont recours aux compensations, aux chèques, aux virements, etc. Ce sont des procédés commerciaux que j'appelle des payements économiques, parce qu'ils sont destinés à compenser les payements avec les recettes, de manière que le matériel monétaire devienne moins important, moins nécessaire. Tout le monde cherche ainsi à faire ses affaires, en conservant le moins d'argent possible; tout le monde est forcé néanmoins d'en garder une certaine quantité, et une transaction s'opère de la sorte entre le besoin absolu d'avoir de la monnaie et l'utilité immense qu'il y aurait à s'en passer. La valeur de toute la quantité de l'or existant par rapport à tout le capital qui existe est le résultat, l'expression de cette transaction.

Il est évident que, si on suppose invariable la provision monétaire de 5 milliards, l'adoption des payements économiques doit avoir pour effet de déprécier ces 5 milliards, c'est-à-dire de faire monter tous les prix, car les 5 milliards valent toujours 5 milliards. Si l'inventaire général de tous les biens existants valait, par hypothèse, 400 milliards sans les payements économiques, il vaut peut-être 500 milliards dès que les payements économiques sont pratiqués, quoique la quantité des biens existants reste la même.

2

Les 5 milliards de monnaie, bien stérile, entraient pour un quatre-vingtième dans l'inventaire général; grâce aux payements économiques, ils n'y sont plus que pour le centième.

Ces idées sont trop théoriques, probablement, et je vous demande pardon, Messieurs, si je ne les expose pas dans des termes assez clairs.

M. ROUHER. — Mais si, Monsieur, et je vous prie de continuer.

M. CERNUSCHI. — Lorsque Christophe Colomb a découvert le nouveau monde et qu'on a apporté en Europe cette quantité si considérable de métaux précieux, l'Europe ne s'est pas enrichie.

Ceux-là qui les ont trouvés ont pu s'enrichir, mais au détriment de ceux qui possédaient les métaux anciens, et l'abondance de l'argent a fait que le prix de toutes les choses s'est élevé en proportion.

Aujourd'hui encore, s'il existait dans le monde une quantité d'or double de celle qui existe actuellement, le monde n'en serait pas plus riche ni plus prospère.

Venant à parler des crises monétaires, je dis que si la France était isolée, séparée des autres pays, il ne s'y produirait pas de crises monétaires. En d'autres termes, les crises monétaires intenses ont pour cause naturelle la transmission de l'or d'un pays dans un autre.

Quand l'or arrive dans un pays, ce pays se conduit comme il se conduirait à l'état isolé, si on découvrait chez lui une mine d'or abondante. L'or augmente en quantité, mais l'unité d'or vaut moins et les autres choses montent de prix, quoique toutes les richesses restent les mêmes.

Si, par contre, l'or est exporté de ce pays, tout baisse. La proportion de valeur entre les besoins monétaires et la valeur du capital général reste la même, mais s'il est parti un cinquième de l'or qui existait auparavant, tout doit baisser d'un cinquième. Cette baisse ne fait pas diminuer les richesses du pays, bien qu'elle puisse entraîner la ruine de certaines personnes, par suite du mouvement de transition qui s'opère.

Le questionnaire demande si les crises tendent à devenir plus fréquentes et plus générales.

C'est très-possible. Les crises peuvent devenir plus générales, parce que le commerce est beaucoup plus étendu qu'il n'était. Si l'on restait dans l'état isolé, je le répète, il n'y aurait pas de crises monétaires. Mais les envois de métaux précieux qu'on fait aux États-Unis ou dans l'Orient, pour avoir des denrées exotiques, et la facilité de communication avec ces pays si lointains sont des causes qui peuvent rendre les crises plus fréquentes.

Il y a une autre cause qui peut aussi augmenter la fréquence des crises, c'est le raffinement du système des banques.

Je citerai l'exemple de l'Angleterre, où ce raffinement est porté à sa plus haute expression, par suite du développement des compensations, des virements, des chèques, des lettres de change ; toutes méthodes de libération qu'on appelle opérations de *crédits*, et que j'appelle, moi, *payements économiques*, parce que leur but est d'effectuer les payements avec une plus grande vitesse et d'éviter l'emploi de grandes provisions monétaires.

Aussi il est arrivé que l'Angleterre fait des

affaires colossales avec un stock métallique très-restreint. Un stock métallique restreint est plus sensible aux mouvements métalliques, et alors que, dans le temps où ce genre de payements économiques n'était pas très-pratiqué, l'arrivage d'un navire apportant de l'or créait une abondance dans la proportion de 1, par exemple, l'arrivage d'une même quantité, aujourd'hui, crée une abondance qui est dans la proportion de 2 au moins.

En sens contraire, le départ d'une quantité d'or exportée d'Angleterre exerce aujourd'hui une impression beaucoup plus forte que dans le temps où l'on agissait avec des réserves métalliques relativement plus considérables, et avec un système de payements moins raffiné.

Le mouvement d'une montre à répétition, en définitive, n'est-il pas plus délicat que celui de l'horloge d'une tour?

La question 4, relative aux causes régulatrices du taux de l'intérêt, est une question très-complexe.

J'établis d'abord cette vérité que l'intérêt est absolument en dehors de la question métallique, et que, alors même qu'il n'existerait

2.

pas de métal ni de monnaie, l'intérêt n'en existerait pas moins.

Pour moi, l'intérêt c'est la propriété elle-même, la propriété divisée par le temps. On ne peut concevoir la propriété sans durée, et plus il y a de durée, plus il y a de propriété.

Si l'on possède un immeuble, on peut en céder la moitié en aliénant la moitié de la contenance superficielle. Mais il y a un autre moyen de céder la moitié de l'immeuble, c'est d'en céder la jouissance intercalaire d'une année à l'autre. Si cet immeuble appartient indéfiniment une année à une personne, et une autre année à une autre personne, ces deux personnes possèdent chacune une moitié de cette propriété.

On parle de nue propriété et d'usufruit. Le nu-propriétaire attend la fin de l'usufruit; si celui-ci ne prenait pas fin, la nue propriété n'existerait jamais et n'aurait aucune valeur.

Eh bien, ce qu'on appelle le loyer du capital n'est autre chose que la vente d'une portion de la durée de la propriété. Ainsi, quand je prête une somme d'argent à quelqu'un, cette somme ne paye pas intérêt, elle est stérile par elle-même. Ce qui paye intérêt, c'est la possession annuelle du capital que l'emprunteur se procure ou peut se procurer avec mon argent. Pour chaque année de propriété, je reçois un prix convenu, et, en somme, le prêt n'est qu'une vente, un échange.

Tous les contrats sont des échanges; les termes par lesquels on désigne les contrats sont des termes juridiques qui servent à marquer certaines conditions que les échangistes s'imposent, mais au point de vue économique, il ne s'agit que de l'usage des choses qu'on échange. User toujours d'une chose, c'est en être propriétaire. Un cheval que je monte toujours et toujours gratuitement est à moi. Le propriétaire réel de ce cheval, c'est moi, alors même qu'un autre croirait l'être. L'intérêt paye réellement un morceau de la propriété pris dans le temps. Le capital c'est la possession perpétuelle, l'intérêt c'est la possession à temps.

Quant aux causes qui font que l'intérêt est plus élevé ou plus bas, on dit communément que c'est l'abondance ou la rareté de capitaux.

Il serait peut-être plus juste de dire que c'est l'abondance ou la rareté des capitalistes qui veulent prêter ; car il peut y avoir énormément de capitaux, mais si les capitalistes veulent les faire valoir eux-mêmes, il n'y aura pas de capitaux à prêter. Alors les emprunteurs seront obligés de payer plus cher les années de capital qu'ils demandent à acheter.

Bien des personnes soutiennent qu'il est utile que l'intérêt des capitaux baisse ; il y a toute une école qui prêche depuis longtemps cette théorie et qui la préconise comme une chose très-désirable.

Je doute beaucoup que la baisse de l'intérêt soit un aussi grand bien qu'on veut le dire.

En tout cas, il n'existe pas de moyen pour produire artificiellement cette baisse. On peut faire des largesses ; l'empereur romain faisait distribuer du pain au peuple, mais il ne pouvait pas dire : « Il y aura toujours du pain pour rien, ou pour un prix inférieur à la valeur courante. »

On peut, si l'on veut, désirer que l'intérêt soit toujours bas ; mais, économiquement parlant, on ne peut rien faire pour obtenir ce résultat. Les prêteurs, établissements ou par-

ticuliers, ne voudront jamais prêter, c'est-à-
dire vendre des années de capital qu'au plus
haut prix possible.

J'ai dit que je doute que la baisse de l'intérêt soit par elle-même un bien.

Si j'examine les pays les plus renommés
pour leur activité et les plus démocrati-
ques, — les États-Unis, par exemple, — je
remarque que l'intérêt des capitaux y a toujours été très-élevé, même avant les événements d'où est résultée la guerre qui vient
de se terminer. Je suis porté à croire que
dans une société démocratique, — et par
société démocratique j'entends ici celle où
les richesses ne sont pas concentrées dans
un petit nombre de mains, et où toutes les
classes de la société travaillent et compren-
nent les affaires, — l'intérêt des capitaux tend
plutôt à rester élevé. Pourquoi? Parce que
tout le monde travaille et sait travailler, parce
que tout le monde sait faire valoir son capital
et convertir son capital présent en un capital
futur qui sera beaucoup plus agrandi. Personne n'hésite donc à payer un intérêt qu'on
dit élevé, si cela permet de faire une bonne
affaire au moment où le prêt a lieu.

Supposez, au contraire, une société composée d'un grand nombre d'oisifs, d'ignorants, où il existe des classes fainéantes possédant de grandes richesses ; l'intérêt y sera peut-être à meilleur compte. En effet, on ne sait pas y faire valoir ses capitaux. L'infériorité sur le marché serait du côté des prêteurs, et les emprunteurs dicteraient la loi.

Ainsi, dans un pays libre, où la richesse est très-divisée, les grandes baisses dans le taux de l'intérêt des capitaux ne sont guère probables. Dans tous les cas, je mets au défi ceux qui les recommandent d'indiquer des moyens pour les provoquer et les maintenir.

Pardon de toutes ces explications, je crains de fatiguer le Conseil supérieur...

M. ROUHER. — Au contraire, Monsieur, nous ne pouvons que vous prier de continuer.

M. CERNUSCHI. — Je viens de vous parler de l'intérêt, qui a trait au capital lui-même, indépendamment de la question monétaire ; je puis à présent arriver à traiter des rapports qui existent entre les crises monétaires et l'intérêt.

Je prends un moment de crise, — le métal

est sorti de France; j'ai un billet à trois mois
que je veux faire escompter. Que vais-je demander? De l'or actuel. Qu'est-ce que je pro-
mets? Je donne un titre qui représente de l'or
futur. Au moment dont je parle, l'or actuel est
devenu rare en France à cause des exportations : cet or devenu rare peut servir à acheter
une quantité de choses plus grande qu'à l'ordinaire, car tous les prix sont en baisse...
Alors l'escompteur est obligé d'élever le taux
de son escompte; mais cette élévation de
l'escompte n'est pas une aggravation de l'intérêt du capital, c'est une prime sur l'or, te-
nant à ce que l'or présent vaut plus que l'or
futur. Il y a probabilité que l'or deviendra
par la suite plus abondant, de sorte que l'escompteur touchera à l'échéance de l'effet un or
futur moins puissant que l'or actuel qu'il dé-
bourse.

Voici un exemple qui peut faire bien saisir
cette vérité.

Je suppose que, dans une année de disette,
je prête 100 sacs de blé à quelqu'un pour une
année. Si l'année avait été ordinaire, si nous
n'eussions pas été en temps de disette, j'au-
rais dit à mon emprunteur : « Vous me ren-

drez 104 ou 105 sacs de blé l'année prochaine.» Mais comme l'année est mauvaise, je lui dis : « 104 ou 105 ne me suffisent pas. Le blé est rare, très-cher aujourd'hui, et les 100 sacs que je vous livre valent plus que les 104 ou 105 de l'année prochaine. Je demande donc que vous me rendiez au bout de l'année un plus grand nombre de sacs. »

De même, lorsqu'on veut faire escompter un effet en temps de crise, il faut payer non-seulement le taux de l'intérêt en raison du capital, mais encore l'écart de valeur qui existe entre l'or rare qu'on reçoit et l'or qui sera rendu à l'échéance de l'effet et qui sera probablement de l'or ayant une valeur, une puissance d'achat ordinaire.

Je ne pense donc pas qu'il existe un remède contre l'élévation de l'escompte, quand l'or se raréfie.

A la question 5 je répondrai : Le cours de l'or ne varie jamais. Un kilogramme d'or vaut toujours en or le nombre de francs ou de sterlings qu'il contient, sauf décompte des frais. La valeur de l'or est révélée par sa puissance d'achat, puissance qui varie d'une époque à l'autre suivant qu'il abonde ou qu'il est rare.

Mais dans les pays où l'or et l'argent servent tous deux de monnaie, l'une des deux monnaies peut faire prime sur l'autre. (Voir la note n° 1, page 95.)

A propos de la question 7, je dirai que je ne fais aucune distinction entre les épargnes et les capitaux.

M. ROUHER. — Veuillez remarquer qu'en abordant la question n° 7 vous sortez de la théorie pour entrer dans le domaine des faits présents.

On demande par cette question s'il y a eu, dans ces derniers temps, ralentissement de l'épargne ou mauvaise direction donnée à l'épargne.

Il ne s'agit pas là d'une thèse générale.

M. CERNUSCHI. — Le capital actuel est plus considérable qu'il n'était auparavant ; la France est plus riche cette année que l'année passée.

M. ROUHER. — Croyez-vous que, dans ces dernières années, on n'ait pas engagé un peu trop à la légère les épargnes, quoique peut-être l'événement soit venu donner raison aux entreprises faites ?

M. Cernuschi. — Il a pu y avoir de mauvaises affaires ; il n'y a pas de batailles sans blessés, mais il n'y a jamais insuffisance de capitaux.

Qu'est-ce que le capital ? C'est la collection des biens qui existent.

Le travail se donne pour mission de transformer ces biens existants, le capital existe toujours, il est toujours suffisant et disponible.

M. de Lavenay, *commissaire général*. — Vous avez laissé de côté la question n° 6 : « Quelles sont les causes qui ont pu récemment réduire la disponibilité des capitaux ? »

Cette question se rattache aux questions auxquelles vous répondez en ce moment.

Vous faisiez observer que le capital est toujours disponible ; cependant il y a des degrés dans cette disponibilité. Si j'emploie mon argent à acheter une maison, j'ai un capital, mais il n'est pas disponible pour de nouvelles entreprises. De même, si je construis une usine, je puis bien la vendre ; mais, en attendant, je ne puis disposer de mon capital.

Le capital *disponible* dans le sens de la question est celui qui vient d'être formé par l'épargne, qui n'a pas encore été immobilisé dans un placement définitif, et se prête à tous les emplois.

Comme on utilise une masse de capitaux, en les affectant à des entreprises industrielles, dans une proportion qui va croissant chaque année, croyez-vous que l'insuffisance des capitaux flottants, qui ont paru manquer pendant la dernière crise, provient de ce que l'épargne aurait diminué, de ce qu'il se serait formé moins de capitaux que dans le temps normal, ou bien de ce qu'on les aurait immobilisés au fur et à mesure de la production, quelquefois même avant leur production, de telle sorte qu'il n'en serait presque pas resté sur la place ?

Il s'agit, comme vous le voyez, d'une question de fait.

M. Cernuschi. En effet, ce sont bien là des questions de fait.

La crise monétaire qui résulte de la diminution de monnaie métallique n'est pas par elle-même une crise dans l'avoir social. Il y a crise pour la monnaie, il y a changement dans sa valeur, changement qui trouble les rapports entre les emprunteurs et les prêteurs, entre les débiteurs et les créanciers. Mais, en ceci, les mots « *épargne, disponibilité, indisponibilité, insuffisance des capitaux* » ne trouvent aucune application, ils n'ont aucun sens. Il me semble que tout ce qui existe est toujours suffisant, toujours disponible. S'il arrive que les propriétaires d'une chose ne veulent pas prêter leur chose, il résultera un trouble pour ceux qui voudraient l'emprunter ; mais la société possède la même richesse qu'auparavant, laquelle est toujours suffisante et toujours disponible. Elle peut faire de mauvaises entreprises, alors elle fait mal, mais pour en faire de bonnes il y a toujours des capitaux.

M. ROUHER. — Je crois que vous prenez la question d'une manière théorique et sociale, au point de vue du mouvement général de la société, sans tenir compte des faits accidentels qui peuvent se produire.

Voici un chemin de fer qui est décrété. Il faut 500 millions pour le construire. La confiance publique s'empare de cette entreprise. Toutes les actions, les valeurs qui doivent représenter les 500 millions, sont souscrites avec empressement ; mais ceux qui les ont souscrites n'ont pas immédiatement les capitaux à leur disposition. Ils savent que, dans un temps donné, ils arriveront à les réaliser par leur travail et leur économie, et ils escomptent dans leur engagement cette éventualité. D'autres opérations non moins brillantes, non moins séduisantes, se font à la fois, et puis les travaux s'exécutent.

Ces travaux ne réussissent pas, je suppose, ils ne réalisent pas les espérances qu'on avait conçues. Il y a entre l'exigibilité de la créance et l'impossibilité d'y faire face une situation qui est inévitablement un trouble : c'est ce qu'on a voulu rendre en disant : « Y a-t-il insuffisance de capitaux ou excès d'entreprises ? »

Beaucoup d'entreprises ont été faites, beaucoup d'engagements ont été contractés. Les entreprises ne sont pas productives. Les engagements ne subsistent pas moins, et il faut faire face à ces engagements ; on n'a pas les capitaux nécessaires. Or, si beaucoup d'entreprises se sont faites à la fois, il est possible que des engagements nombreux aient été contractés, et que leur exigibilité arrive à un moment où l'épargne n'a pas été réalisée.

C'est cet état, transitoire si vous voulez, qui peut se produire dans les relations commerciales et financières.

Au fond des choses, les 500 millions n'auront pas été perdus ; ils auront servi à faire des rails, des locomotives, ils auront payé des salaires, etc. ; mais enfin l'entreprise en elle-même aura été inféconde et elle aura pu créer une situation fausse dans le mouvement commercial et financier.

C'était ce point que le n° 8 avait pour objet de préciser.

M. CERNUSCHI. — Pour répondre à M. le Président, je rappellerai l'hypothèse que j'ai faite de la France dans un état isolé avec une masse monétaire invariable. On peut faire tous les appels qu'on voudra ; il y aura toujours assez d'argent pour y répondre, parce que personne ne garde ni ne consomme cet argent. La monnaie est le véhicule des capitaux ; elle ne s'immobilise jamais. Je maintiens que, pour les bonnes affaires, il y a toujours assez de capitaux.

M. ROUHER. — C'est-à-dire que les resserrements de crédits qui s'opèrent ne s'opèrent que pour les affaires douteuses, tandis que les bonnes affaires trouvent toujours des capitaux, parce qu'elles inspirent confiance ?

M. CERNUSCHI. — Ma pensée est que, si le travail social est bien distribué, les bras pourront manquer et non point les capitaux.

9e *Question.* — Sociétés de crédit... J'ai déjà dit, dans une publication (1), que je n'appelle pas ces établissements des sociétés de crédit, parce qu'ils ne font pas des opérations de crédit. Je les appelle, moi, *monts de capitaux* ou *banquiers par actions.*

Ce que je désirerais, au point de vue de ces entreprises, — le mot « désirer » dit trop, — ce qui me paraîtrait très-utile, c'est qu'on suivît ce système, récemment inauguré, celui de laisser développer les sociétés à respon-

(1) *Mécanique de l'échange.* 1 vol. in-8, 2e édit. 1865.

sabilité limitée, et de décharger la puissance publique de toute la responsabilité qu'elle encourt d'une façon plus ou moins directe dans toutes les affaires que peut faire la société anonyme actuelle qui a forcément une attache gouvernementale.

S'il y a des embarras occasionnés parfois par les opérations de ces sociétés, il n'y a pas de remède, à moins d'ôter toute liberté aux hommes ; il faudrait revenir au système franchement protecteur, il faudrait arrêter l'argent et les marchandises aux frontières, et mettre tous les négociants sous tutelle. Non, Messieurs, ce qu'il faut, c'est que la lumière s'étende et que les gens apprennent à faire de bonnes affaires et à ne plus en faire de mauvaises, qu'il s'agisse de sociétés ou de particuliers.

La réponse que je viens de faire se rapporte aussi aux nᵒˢ 10 et 11.

Il est certain que si l'on fait des opérations à l'extérieur, on peut en faire de très-bonnes, de très-profitables, et on peut cependant contribuer à une crise monétaire. Si l'on pouvait, par exemple, prêter à 50 p. 100 sur hypothéque, dans l'Inde, avec toute certitude de remboursement, un milliard de francs en numéraire, l'affaire serait très-avantageuse, mais il y aurait ici une crise monétaire, crise réparable dans un temps donné, mais dont néanmoins on aurait à souffrir actuellement.

12ᵉ *Question.* — Il ne doit pas y avoir de cote privilégiée. Le commerce libre, voilà le principe. On doit pouvoir tout acheter et tout vendre. Je ne vois pas d'avantages à interdire la négociation des valeurs étrangères. L'Etat perçoit même un impôt.

Du reste, il me semble qu'on est déjà très-avancé dans cette voie : d'une part, presque toutes les valeurs étrangères sont cotées, et d'autre part, les quelques valeurs qui ne le sont pas ont toujours été négociées d'une autre façon. A ce que j'apprends même, une d'elles, très-importante, va être cotée ; je veux parler du 5 0/0 turc intérieur. En pareille matière c'est le public qui doit choisir. Heureux ceux qui font de bonnes affaires, malheureux ceux qui en font de mauvaises, mais aucune puissance ne peut garantir la Société contre les mauvaises affaires que peut entreprendre une partie du public.

M. Rouher. — Vous croyez que, dans ces sortes de matières, la liberté a plus d'avantages que la restriction ?

M. Cernuschi. — Oui, la liberté absolue, comme en Angleterre ; là, chacun fait son triage. En général, ceux qui prennent des va-'eurs douteuses sont des gens qui ont un grand appétit, qui veulent doubler leur capital et qui, pour cela, courent la chance. Ils peuvent gagner le gros lot, comme ils peuvent perdre la mise.

13ᵉ et 14ᵉ *Questions*. — Je crois que l'administration a toutes les données nécessaires pour répondre sur la sortie ou l'entrée des métaux, mieux que ne pourrait le faire un particulier, moi surtout.

Je sais qu'il y a beaucoup de monnaie qui sort et qui entre à l'insu des douanes. Il est impossible de connaître exactement la vérité. Je remarque qu'il y a dissidence entre les chiffres de la douane française et ceux de la douane anglaise sur l'entrée et la sortie respective des métaux. Il y a des erreurs peut-être inévitables, mais je penche à croire que l'exactitude est plutôt du côté de la France que du côté de l'Angleterre. D'ailleurs, pour se rendre compte de l'effet produit par les importations et les exportations métalliques, il faut suivre tous les mouvements pas à pas. Si on totalise les entrées et les sorties annuelles, on obtient des chiffres très-peu instructifs. J'oserai presque dire que le taux de l'escompte courant révèle l'abondance et la rareté du métal précieux plus fidèlement que la douane.

15ᵉ *Question.* — Les opérations qui ont donné lieu au déplacement du numéraire ne sont pas inconnues. Ç'a été, d'un côté, les achats de coton en Orient, et de l'autre côté, le besoin de solder les emprunts contractés à l'intérieur par l'étranger. S'il n'y a pas de dettes à compenser, il faut payer en or. Cet or s'en va et en s'en allant il fait naître les crises monétaires : mais il faut savoir si on veut être des hommes libres, émancipés, car si on demande toujours à l'autorité qu'elle nous défende contre les crises, contre les variations des prix et de l'escompte, on perd toute dignité, et en outre on fait preuve d'ignorance.

M. ROUHER. — N'avez-vous pas constaté

que les déplacements de numéraire étaient normaux pour certains pays et qu'ils étaient accidentels et sujets à retour pour certains autres ? Ainsi les déplacements de numéraire pour l'Inde et la Chine amènent rarement des retours, tandis que les déplacements pour l'Angleterre et l'Allemagne sont alternatifs, c'est-à-dire que l'argent rentre après être sorti.

M. CERNUSCHI. — C'est très-vrai. S'il n'y avait pas eu le remède des mines américaines et australiennes, on aurait eu une baisse énorme sur tous les produits et sur toutes choses ; il y aurait eu de grandes pertes pour les débiteurs, de grands bénéfices pour les créanciers auxquels on aurait dû payer un or devenu plus rare et plus puissant. Il faut cependant remarquer que si la rareté de l'or devient permanente, le taux de l'escompte revient à son état normal, où il ne représente que l'intérêt du capital. La surélévation de l'escompte n'a plus de raison d'être, quand on échange un or présent et un or futur également rares et précieux.

Maintenant nous arrivons à la question

de la monnaie fiduciaire, c'est–à–dire au 2ᵉ paragraphe du questionnaire.

Je ne sais pas si mon opinion a déjà transpiré. Je suis l'ennemi de la monnaie fiduciaire, je la trouve mauvaise avec tous les systèmes, celui du monopole comme celui de la liberté ; je trouve qu'elle ne fait aucun bien et qu'elle fait beaucoup de mal.

M. Rouher. — Dans ces mots « monnaie fiduciaire, » comprenez-vous autre chose que le billet de banque ?

M. Cernuschi. — Je comprends exclusivement le billet de banque. Le billet de banque est une monnaie, tandis que les autres papiers ne sont pas de la monnaie.

M. Rouher. — C'est qu'ici l'expression de « monnaie fiduciaire » est prise dans un sens plus étendu.

M. le Commissaire général. —Oui, mais M. Cernuschi fait une distinction.

M. Rouher. — Ainsi vous considérez le billet de banque comme un mauvais instrument dans les affaires ?

M. Cernuschi. — Oui, Monsieur le Ministre.

La lettre de change et le billet de banque ont cela de ressemblant qu'ils sont faits en papier et portent des timbres et des signatures ; mais il n'y a aucun rapport entre les deux papiers. La lettre de change représente une créance à échoir. Quand j'achète une lettre de change, je retiens un escompte, je fais un placement : il y a quelqu'un qui est mon débiteur. Si ce débiteur est mauvais, ma créance ne vaut rien ; s'il est bon, ce débiteur a en main quelque chose qui ne lui appartient pas et m'appartient à moi définitivement. La lettre de change est un titre productif comme un titre de rente, comme le titre de propriété d'une maison. Au lieu d'être propriétaire d'une maison déterminée, je suis propriétaire d'un lot du capital social, que quelqu'un doit me délivrer à un moment donné, sous forme d'or, et en attendant je perçois des intérêts. La monnaie fiduciaire proprement dite, au contraire, le billet de banque, est une valeur déjà échue : elle fonctionne comme or, ni plus ni moins ; elle est stérile comme l'or, elle ne rapporte rien. Et en effet on s'en sert comme de l'or pour acheter tous les autres biens et créances. Cette distinction entre le billet de banque et la lettre de change est fondamentale.

Le plus grand honneur qu'on puisse faire au billet de banque, c'est de le considérer comme de l'or, de l'or nouveau, dont l'apparition a pour effet de déprécier l'or ancien ; et son grand défaut immédiat, toujours actuel, c'est de spolier tous les porteurs d'or véritable.

Le billet de banque est une falsification de la monnaie.

Anciennement, on mettait, par exemple, un sixième de cuivre dans la monnaie, c'est-à-dire qu'on ôtait une parcelle d'or, qu'on la remplaçait par du cuivre, et qu'avec cinq pièces d'or on en faisait six. Tous les prix montaient et les six pièces d'or nouvelles n'achetaient pas plus que les cinq pièces d'auparavant.

Le génie moderne, très-inventif, est arrivé au même résultat par le billet de banque ; au lieu d'ajouter du cuivre aux cinq pièces d'or pour en faire six, on les laisse intactes, mais on leur met à côté une feuille de papier, un billet de banque qui ne vaut rien, et les six pièces ainsi obtenues n'achètent pas plus que si l'on avait ajouté du cuivre aux cinq pièces d'or pour en faire six.

En définitive, les bénéfices que font les banques d'émission résultent de l'expropriation forcée et sans indemnité d'une partie de la valeur de l'or naturel ; et comme cette valeur de l'or naturel est proportionnelle à la valeur de toutes les choses et que tous les prix sont déterminés par la masse de monnaie existante, il se trouve que si l'or vaut un centième du capital général, celui qui émet pour un sixième en sus de monnaie fiduciaire s'approprie un six-centième du capital général. C'est là-dessus qu'on paye les dividendes des banques d'émission. Les banques gardent en portefeuille des effets de commerce qui leur rapportent intérêt et donnent au public un papier qui ne leur coûte rien, qui ne vaut rien, mais qui circule comme de l'or et qui, par conséquent, entre en concurrence avec tout l'or qui existe et le déprécie. De sorte qu'on croit avoir inventé des capitaux et qu'on n'a fait qu'augmenter tous les prix.

On aurait dû, quand on a découvert les nouvelles mines, renoncer à ce mauvais instrument de la monnaie fiduciaire.

La cherté générale, qui a eu pour première cause la découverte des nouvelles mines, a été augmentée par les émissions de billets. Plus on émettra de billets, plus tout renchérira.

On dit : « Ces billets sont garantis. » S'il était loisible d'émettre du papier fiduciaire, c'est-à-dire de la monnaie supposée qu'on ajoute à la monnaie naturelle, pour la simple raison qu'on offre des garanties, où s'arrêterait-on ? Si j'ai une maison, est-ce que je puis émettre de la monnaie là-dessus ? Qu'est-ce que je ferai de cette monnaie que j'émettrai ? Je ne la donnerai pas pour rien, certainement. J'achèterai une autre maison, et puis j'émettrai encore de la monnaie sur cette seconde maison. Si je ne paye pas d'intérêts sur mes billets, et que le public et l'État veuillent toujours les accepter en payement, je m'approprierai tout. C'est la confiscation générale à force d'émissions de monnaie fiduciaire. Dans les pays où les banques ont été libres, elles ont cherché à faire ce travail-là, c'est-à-dire à émettre le plus possible de monnaie fiduciaire, parce qu'elles arrivaient ainsi à s'ap-

proprier gratuitement toutes les choses qu'elles achetaient avec cette monnaie, lettres de
change ou autres valeurs. Ce sont des bénéfices énormes qui se trouvent seulement dimi-
nués par la petite provision d'or naturel que
les émetteurs gardent en caisse.

M. ROUHER. — Votre doctrine, qui est
très-originale, a cela de particulier que vous
posez en principe que la monnaie fiduciaire
est une sorte d'altération de la monnaie réelle.
Vous considérez que la lettre de change est un
papier très-légitime, mais comme le billet de
banque ne produit pas intérêt, vous en con-
cluez que c'est une sorte d'altération indirecte de la monnaie existante.

Pourquoi le billet de banque ne produit-il
pas intérêt? C'est probablement parce que
celui qui le demande et le prend spontané-
ment, car, comme vous le dites très-bien,
c'est une monnaie fiduciaire, c'est-à-dire une
monnaie qui n'a pas cours forcé, qui est le résultat de la confiance; parce que, dis-je, celui
qui le prend trouve qu'il y a plus d'avantage
à perdre l'intérêt et à avoir, par compensation, la facilité de circulation. Il consent le

sacrifice de l'intérêt de la somme en échange
d'une facilité de circulation et d'une certitude
de remboursabilité.

En quoi trouvez-vous que ce contrat ait
quelque chose de contraire à la loyauté de
transactions ?

M. Cernuschi. — Je ne trouve pas précisément qu'il y ait là quelque chose de contraire à la loyauté ; mais je trouve qu'il y a
quelque chose de contraire à la raison et aux
principes de la science économique. Celui
qui accepte le billet de banque ne perd rien
du tout : il l'accepte, comme il accepte l'or,
pour en faire l'usage qu'il fait de l'or, c'est-
à-dire pour s'en débarrasser tout de suite.
Tout le monde sait bien qu'on ne garde pas
la monnaie. On ne peut pas s'en passer, mais
on ne la garde pas. De sorte que celui qui
reçoit un billet de banque ne perd rien du
tout ; il va payer les autres avec ; mais tous
les porteurs d'or, c'est-à-dire tous les ci-
toyens, souffrent par la dépréciation de leur
or, dépréciation qui se traduit en renchérissement général de toute chose. C'est là la
soustraction que je dénonce.

M. Rouher. — Vous reconnaissez que cette différence s'applique non pas à la totalité de la monnaie fiduciaire, mais à l'écart entre le stock métallique et la quantité de monnaie fiduciaire émise; car le stock métallique est là, c'est la banque d'émission qui en est détenteur. Ainsi donc l'altération n'existe que jusqu'à concurrence de l'écart.

M. Cernuschi. — J'ai à m'expliquer sur ce point.

Quand on parle de l'encaisse de la banque, on a grand tort d'appeler cela encaisse de la banque, car la plus grande partie ne lui appartient pas : c'est l'encaisse des comptes courants. Les déposants en comptes courants ne perçoivent aucun intérêt, ils sont donc propriétaires de l'encaisse comme si c'étaient des titres déposés. De sorte que la monnaie fiduciaire émise par la banque ne pourrait être remboursée avec l'encaisse de la banque qu'après avoir prélevé les sommes en compte courant qui appartiennent aux déposants.

M. Rouher. — Vous avez raison.

M. le Commissaire général. — Vous réclamez contre la monnaie fiduciaire pour ainsi dire au nom de tous les détenteurs d'or qui auraient droit à ce que les payements se fissent avec leur or et avec la puissance de leur or, relativemement à sa quantité. Mais ce raisonnement n'irait-il pas jusqu'à interdire tous les moyens de payement autres que l'or? les virements eux-mêmes, par exemple? Ainsi, si on fait par virements pour un milliard de payements, si vous avez cinq milliards d'or, vous perdriez un cinquième dans votre hypothèse ; car on aurait ôté à cet or les quatre cinquièmes de sa puissance, en payant sans lui un cinquième des transactions. Est-ce que vous considérez que les détenteurs d'or ont une espèce de droit naturel à ce que la société n'imagine pas de moyens de payement plus perfectionnés que l'or lui-même?

M. CERNUSCHI. — J'abonde dans le sens du payement économique. Nous sommes tous intéressés à ce que l'on fasse les affaires avec le moins d'or possible. Les virements et les chèques opèrent par voie de compensation : ce sont des payements économiques par lesquels on évite la monnaie ; mais le billet fiduciaire est une monnaie lui-même, et le public ne fait nullement économie de monnaie en employant ce billet.

Vous dites que votre banque vit de crédit, je dis qu'elle vit d'habitude ; mais elle ne vit pas de crédit, car elle ne paye d'intérêt à personne, à moins que ce ne soit de crédit gratuit, autrement dit de donation.

M. ROUHER. — Vous acceptez parfaitement la légitimité de cette opération entre un débiteur et un créancier, qui consiste à se compenser, si une dette nouvelle vient à s'établir entre eux. Vous acceptez la théorie des virements, la théorie des chèques, et vous considérez que ce sont là des payements économiques. Je vais chercher à faire comprendre comment il me semble qu'on pourrait faire objection à votre système.

Qu'est-ce que le billet de banque ? C'est l'*omnium* des lettres de change. Je synthétise ma pensée exprès, parce que vous êtes un économiste. Seulement, cet *omnium* ne produit pas intérêt. Pourquoi ? Parce qu'il me convient, à moi qui le prends et qui trouve à m'en débarrasser, comme vous dites, — non pas qu'on jette encore un petit coup d'œil de regret sur le billet de banque en le voyant s'en aller, — mais, enfin, je m'en débarrasse parce qu'il me sert à faciliter mes opérations, parce qu'il me rend un service spécial par la faiblesse de son volume, par la facilité, par la multiplicité de sa circulation. En réalité, la banque qui l'a émis ne l'a émis que parce qu'elle a des lettres de change qui le représentent et sur lesquelles se font ces payements économiques que vous désirez. C'est un mode de virement avec le public; seulement le public l'accepte à certaines conditions, qui sont le bénéfice de la maison de banque, puisqu'elle perçoit un intérêt et n'en sert pas, et le public l'accepte parce qu'il trouve dans la convertibilité du billet et la facilité de la circulation une compensation de l'intérêt qu'il ne perçoit pas.

M. Cernuschi. — Je nie qu'il trouve une compensation. J'ai défini l'intérêt « la propriété divisée par le temps. » Or la banque gagne tous les intérêts sur toutes les lettres de change; elle est donc propriétaire de toutes les lettres de change qui se renouvellent dans son portefeuille. Si la banque foncière n'émettait pas des obligations qui portent intérêt, et si elle émettait des billets de banque, elle s'enrichirait indéfiniment, comme fait la banque de France.

M. LE COMMISSAIRE GÉNÉRAL. — Si le billet de banque était à terme et qu'un intérêt y fût attaché, il échapperait à cette dernière critique. Je suppose maintenant que le public eût le choix entre un billet à terme avec intérêt et un billet sans intérêt, immédiatement convertible en espèces. S'il préfère le billet immédiatement convertible en espèces au billet à terme qui porte intérêt, ne peut-on pas dire que le service que rend la banque, en échange de cet intérêt, c'est de se tenir constamment en mesure de convertir en or le billet au porteur, lorsqu'il lui sera présenté; qu'il y a dans cette convertibilité un certain équivalent, au service de l'intérêt? On pourrait peut-être dire plus qu'équivalent, puisque l'expérience semble prouver qu'un billet au porteur et à vue fait mieux l'office de monnaie qu'un effet à terme portant ses intérêts jour par jour.

M. Rouher. — M. Cernuschi place la question à un point de vue plus doctrinal. La Banque de France donnant à X, c'est-à-dire au public, un billet de banque sans intérêt, supposez cette situation infiniment prolongée; il est certain que la Banque de France serait propriétaire du capital, puisqu'elle en percevrait tous les revenus, tandis que le détenteur d'un billet de banque ne perçoit rien.

C'est là, monsieur Cernuschi, l'extrême de votre argument?

M. Cernuschi. — Très-exactement.

Le public prend le billet de banque parce qu'il est commode, mais l'acquiescement du public n'empêche pas la vérité des choses.

M. Rouher. — Ce qui corrige le vice que vous signalez, c'est la faculté de détruire le contrat toutes les fois qu'on le veut.

M. Cernuschi. — Je me place en dehors des escomptés et des escompteurs, je regarde la France et je dis : la France a cinq milliards de numéraire; on ajoute un milliard de billets, tous les prix montent d'un cin-

quième, et c'est là le bénéfice que fait l'é-
metteur, au grand dommage du public tout
entier.

Ma démonstration est mathématique : je
ne crois pas qu'elle puisse être infirmée.

Du reste, sortant de France et passant le
détroit, je puis démontrer que cette théorie
a été comprise par les hommes d'État anglais.
En Angleterre, les banques d'émission s'en
vont. La torche a été portée par Robert Peel.
A mon avis, la loi de 1844 est le commen-
cement de la fin. En Angleterre, il n'y a
plus d'émission. La Banque d'Angleterre
n'est pas une banque d'émission proprement
dite.

Elle a émis, une fois pour toutes, 14 millions de livres sterling de billets, mais elle
ne peut en émettre davantage qu'autant qu'ils
sont garantis par de l'or réel. Ce sont là les
billets que j'aime, les billets émis en sus des
14 millions, qui représentent de l'or réellement déposé ; tandis que le billet fiduciaire
représente de l'or qui n'existe pas, de l'*or
supposé*.

La Banque d'Angleterre, je le répète, n'est
plus une banque d'émission, mais une ban-

que ordinaire, ni plus ni moins que le Comptoir d'escompte de Paris.

C'est comme si Robert Peel avait dit : « La « monnaie fiduciaire est une erreur, j'en suis « convaincu. Les différents pays font une « concurrence à l'or naturel ; ils déprécient « l'or du monde entier en émettant des billets de banque. Je ne veux pas être seul à « faire de la vertu, mais je pose le principe « de la suppression en fixant une limite à « l'émission. »

La Banque d'Angleterre, ne pouvant plus émettre de billets, se conduit tout simplement comme un particulier. Ce qu'elle a en caisse, ce sont des billets, ou de ceux des 14 millions ou de ceux qui ont été émis en sus avec garantie de pareille valeur en or. C'est moins pour défendre son encaisse qu'elle élève l'escompte que pour vendre sa monnaie à plus haut prix quand sa valeur est plus grande. C'est la loi du commerce.

L'erreur qui, à mon avis, est trop générale, si on me permet de le dire, en France, c'est de croire qu'on peut fonder des établissements pour donner les choses à bon marché, c'est-à-dire au-dessous de leur valeur.

On ne le peut ni pour l'or ni pour aucune autre marchandise.

M. le Commissaire général. — C'est très-juste.

M. Cernuschi. — Il n'y a ni liberté ni monopole qui puisse donner l'argent à bon marché quand il n'y en a pas ou qu'il est cher. Pourquoi est-il cher? C'est parce qu'on l'échange contre une chose qui est à bon marché. Et vous voulez intervenir dans cet échange! Quand il n'y aura plus de banque d'émission, tout le monde saura à quoi s'en tenir. On ne doit pas faire intervenir la protection ni l'amour du prochain, pas plus dans le prix de l'escompte que dans les autres prix. Le prix le plus juste est le prix libre et naturel.

Je reviens au système anglais de Robert Peel.

En Angleterre, l'émission est condamnée par le fait, du moment qu'il est interdit d'émettre un seul billet de banque au-dessus d'une quantité fixe.

M. le Commissaire général. — Il s'agit

d'un système très-absolu qui a son importance; par conséquent, je crois qu'il est permis de présenter quelques objections, à titre de questions, pour bien élucider cette matière.

Vous dites, Monsieur, avec raison, — c'est une doctrine économique généralement acceptée, — qu'on ne peut pas faire artificiellement du bon marché. Cependant, au point de vue de l'escompte, n'y a-t-il pas quelque chose à dire?

En général, le capital qu'on place dans une entreprise commerciale ou industrielle, le capital travaillant, rapporte 8, 10, 12, quelquefois 15 pour 100. Je suppose que, dans un pays, il n'y ait pas de banque d'émission. Croyez-vous que vous trouveriez beaucoup de personnes disposées à tenir à la disposition du public 20 millions, 100 millions, 300 millions, 1 milliard à mettre en escompte à 5, 6, 7 pour 100, suivant les circonstances? Ne croyez-vous pas que l'effet de la suppression des banques d'émission serait de faire hausser, non pas seulement en temps de crise, mais d'une façon normale, le taux de l'escompte au niveau du profit ordinaire du capital dans l'industrie?

5,

Dans l'état actuel, voici ce qui se passe :

Les banquiers réescomptent à la Banque, et ils ont leur commission. Le portefeuille, en général, aboutit à la Banque, qui escompte au taux de 4 à 5 pour 100. Le taux du temps de crise est plus élevé, mais son taux normal moyen est de 4 ou 5 pour 100. Or elle peut escompter à ce taux précisément à l'aide de cette renonciation universelle que font les particuliers de l'intérêt du billet de banque. C'est parce que, en définitive, elle opère ses escomptes avec un capital qui ne lui coûte rien, qu'elle peut tenir la moyenne de ses escomptes au-dessous du profit commun des capitaux travaillant.

M. Cernuschi. — Une objection qui se présente tout de suite, c'est celle-ci : en Angleterre, il n'y a plus de banque d'émission, il n'y a que des émissions faites une fois pour toutes.

M. le Commissaire général. — Pardon ! La Banque d'Angleterre a deux catégories d'émissions : l'émission qui répond à un encaisse métallique de valeur égale ; ce n'est pas une émission, c'est la mobilisation de son stock métallique. En second lieu, une émission égale à son capital social, qui est placé en rentes. Les rentes lui donnent un intérêt, et cette émission de 14 millions de livres sterling vient aux escomptes, comme un capital qui ne coûte rien, absolument comme à la Banqne de France lorsque l'émission dépasse le stock métallique.

M. Cernuschi. — Si on donnait à la Banque de France le droit d'émettre seulement, et une fois pour toutes, une somme limitée de billets, il n'y aurait plus de Banque de France.

En Angleterre, l'état des choses est tel, et le commerce de l'escompte se fait très-bien par les banques de dépôt; les banques de dépôt sont les véritables réservoirs des capitaux flottants.

En Angleterre, le commerce des capitaux flottants, qui sont ceux qui servent à escompter, est fait par les banques qu'on appelle banques de dépôt. Il faut que les banques de dépôt prennent aussi en France un grand développement. Ici la loi interdit à ces établissements d'accepter des comptes courants au delà d'un certain chiffre. C'est une limite qu'il ne fallait pas poser.

Au moyen des banques d'escompte, ceux qui sont propriétaires d'une partie du capital social et n'en ont pas l'emploi, et ceux qui en ont besoin pour un court terme, se rencontrent sur le même point. Leurs besoins inverses et réciproques se compensent pour ainsi dire mutuellement. C'est par des capitaux qu'on doit escompter, non point par la création d'une monnaie fictive.

M. DE PARIEU. — Vous admettriez donc comme une bonne chose que les lois interdissent l'émission des bons au porteur?

M. CERNUSCHI. — Je n'aime pas beaucoup l'intervention de la loi en matière d'échange. Je crois que, dans un avenir qui n'est peut-être pas très-éloigné, ce sera la loi du bon sens qui fera raison de la monnaie fiduciaire, c'est-à-dire du billet de banque, qui n'est pas représenté par de l'or déposé.

En France, la liberté des banques, ce serait l'abolition des banques. Il a fallu beaucoup de peines et l'attache gouvernementale pour répandre les billets de la Banque de France, et je suis convaincu que le jour où le privilége disparaîtrait il n'y aurait plus de billets. D'autant plus que le grand point à décider ce jour-là, le véritable point pratique, serait de savoir comment le gouvernement se conduirait envers ceux qui essayeraient d'émettre de la monnaie fiduciaire : accepterait-il en payement cette monnaie ? Dans tous les cas, il pourrait se considérer comme n'y étant pas tenu, et il n'aurait qu'à dire qu'il n'y est pas tenu pour décider tout le monde à la refuser.

A mon avis, ce qu'on appelle la liberté des banques en France emmènerait la suppression du billet de banque.

Quant à moi, je désire que tout le monde en puisse émettre...

M. le Commissaire général. — Afin que personne n'en prenne ?

M. Cernuschi. — Précisément.

En énonçant ces idées, je m'interdis, pour ainsi dire, de parler sur les autres points du questionnaire. Je serai bref.

Je crois que le meilleur système est le mien : pas de banques d'émission.

Celui qui serait préférable ensuite, ce serait celui de Robert Peel, qui est un acheminement vers l'abandon de la monnaie fiduciaire.

Après ceux-là viendrait en troisième ligne le système actuel de la Banque de France.

Je trouve moins mauvaise la latitude laissée à la Banque de France que le système d'une proportion rigoureusement établie entre l'encaisse et l'émission. Quelle que soit la proportion, le départ d'un écu, au lieu d'exiger le retrait d'un billet de banque, exige toujours le retrait d'une quantité plus forte de billets de banque, de sorte que le système de la proportion préétablie créerait un embarras plus fort au moment d'une crise.

Au point de vue pratique, si on me demande mon opinion sur la vente des rentes de la Banque dans l'état où sont les choses, je dirai : Que ferez-vous de cet argent quand les rentes seront vendues ? Si vous le gardez en métal, vous vous rapprochez beaucoup de moi. Vous arriverez à donner aux billets fiduciaires une base fortement métallique, et ce ne serait plus la peine de faire de la monnaie fiduciaire. Faire le stock métallique très-fort, c'est marcher contre le billet fiduciaire.

Si on devait faire une réforme restreinte, je la ferais plutôt sur les comptes courants.

Je trouve que le grand usage des payements économiques est une très-bonne chose ; on se passe ainsi de beaucoup de monnaie, et si la quantité de monnaie reste la même, elle se déprécie, ce qui est un avantage. Mais, précisément parce qu'on tire des avantages du payement économique, il ne faut pas fausser l'économie et aller jusqu'à vouloir faire servir à plus d'un office la dernière réserve qu'on possède. Or je déclare que la réserve qui est à la Banque de France est, en définitive, la réserve de tous les commerçants. Ils perdent l'intérêt parce qu'ils ne peuvent pas faire à moins. Ils ont là des sommes pour les besoins instantanés. Il n'est pas juste, et il est dangereux que cette réserve serve en même temps à garantir les billets.

Je trouverais préférable que les comptes courants à la banque fussent des véritables comptes de dépôt et ne figurassent pas dans l'avoir de la Banque. Les métaux déposés en compte courant ne peuvent pas servir

à garantir autre chose ; ils sont déjà la dernière réserve des commerçants.

Par le système des chèques, des compensations, des clearing-house, des lettres de
change, on est arrivé à économiser énormément de monnaie. Oui, économisons-la en
faisant compenser les recettes et les dépenses.
Mais la dernière réserve doit rester intacte.

En janvier 1864, le stock métallique de la
Banque de France est tombé à près de 150
millions. Or la Banque était censée dépositaire d'une somme de beaucoup supérieure
en comptes courants, somme répartie entre
l'Etat et les particuliers, entre Paris et la pro-
vince. Mais la Banque s'était servie d'une
partie des comptes courants, les dépôts n'existaient plus en entier.

M. LE COMMISSAIRE GÉNÉRAL. — Je vous
demande pardon d'insister. Je vous ques-
tionne, je ne vous combats pas ; mais je vou-
drais éclaircir tous les points.

N'y a-t-il pas quelques contradictions entre
ce que vous dites maintenant de l'obligation
de conserver les dépôts dans la caisse de la
Banque, et ce que vous disiez tout à l'heure,

que l'escompte se ferait avec les dépôts?

M. Cernuschi. — Avec les dépôts qui portent intérêts. Alors la Banque est débitrice, elle n'est plus dépositaire. Quand je paye un intérêt, je ne garde plus votre or, je prends votre capital, et j'en fais ce que je veux.

M. le Commissaire général. — C'est alors uniquement par cette circonstance qu'il n'y a pas d'intérêt payé?

M. Cernuschi. — S'il n'y pas d'intérêt payé, il y a dépôt de métal ; si on perçoit intérêt, il y a un capital prêté. Le nom de Banque de dépôt est impropre, c'est Banque d'escompte ou simplement Banque qu'il faut dire.

M. le Commissaire général. — Est-ce que vous ne verriez pas une perte pour la richesse générale du pays à ce que 100, 200 millions restassent dans les caves de la Banque de France sans être représentés par des billets et sans servir aux escomptes, en un mot, sans avoir aucune autre fonction que d'être demandés, rendus, repris et sans pouvoir servir à rien autre chose? La Banque ne serait plus

6

alors que l'ancien trou où l'avare cachait son trésor. Il n'y aurait plus utilité sociale à mettre ses fonds à la Banque : autant vaudrait avoir chez soi un bon coffre-fort pour y renfermer ses pièces.

M. Cernuschi. — Le coffre-fort de la Banque n'est que le coffre-fort des particuliers qui viennent lui remettre leurs fonds.

Elle ne peut pas se servir de mon or, puisque c'est la réserve dont j'ai besoin moi-même. Je la lui laisse, parce que je sais que j'en ai la propriété absolue ne recevant aucun intérêt, et pour la commodité des virements. Nous voulons économiser la monnaie, nous ne voulons pas marcher à sa suppression. C'est tromper l'opinion publique que d'appeler la Banque le réservoir de l'or. On dirait que c'est elle qui le distribue. La Banque est gardienne de l'or qui lui est apporté et qui a un autre office à remplir que de garantir les émissions de la Banque.

A propos de la question des deux départements, je dirai que je trouve l'institution des deux départements relativement excellente,

car elle suppose nécessairement une émission limitée à un chiffre fixe.

Lorsqu'il n'y aura plus de monnaie fiduciaire, et seulement des billets émis contre de
l'or déposé, ce sera la Monnaie qui les émettra. Ce sera, dis-je, la Monnaie elle-même,
qui recevra tous les métaux et qui donnera
des billets à ceux qui les lui apporteront.

M. LE COMMISSAIRE GÉNÉRAL. — Les billets
représenteraient juste la même quantité d'or?

M. CERNUSCHI. — Oui, Monsieur.

M. ROUHER. — Ainsi, dans votre pensée,
le billet de banque ne doit être que la représentation rigoureuse d'un métal précieux déposé?

M. CERNUSCHI. — Oui, déposé.
Si on trouve que le billet de banque rend
des services, je suis disposé à m'expliquer
sur chacun des services qu'on prétendrait
qu'il rend et à démontrer qu'il n'en rend pas.
Il ne fait pas baisser le taux de l'intérêt; il
n'augmente pas la circulation, il n'enrichit
personne, excepté la Banque, qui l'émet au
détriment du public.

M. Rouher. — Croyez-vous qu'il n'augmente pas la circulation?

M. Cernuschi. — On ne circule pas pour circuler. La circulation consiste à faire tous les payements. Les prix sont proportionnels à la quantité de monnaie existante, et le monde marcherait très-bien avec le tiers, la moitié, comme avec le double de la monnaie qui existe. Tout, encore une fois, est proportionnel; la quantité de monnaie existante vaut toujours ce qu'elle doit valoir par rapport aux autres choses. Augmentez la masse de la monnaie par de l'or, ou par des billets de banque, vous augmentez le prix; la proportion entre la monnaie et le capital général reste la même. Je ne vois pas d'utilité au billet au point de vue de la circulation.

Quant à l'intérêt, l'intérêt ordinaire n'a rien à faire avec la monnaie. L'intérêt est la propriété elle-même divisée par le temps; il se règle d'après d'autres principes que la monnaie. L'intérêt est indépendant de la monnaie. Il y a des moments où la monnaie touche à la question d'intérêt, c'est au moment des crises monétaires, et c'est là qu'on

voit l'impuissance des banques d'émission.
Elles font payer le billet de banque aussi
cher que l'or. Elles sont condamnées à faire
des énormes bénéfices. La Banque de France
pourrait donner tous ses bénéfices aux pauvres en fin d'année si elle le voulait ; mais
elle ne peut donner d'argent à bon marché
d'une manière continue.

Maintenant je dirai quelques mots sur un
système qui a été mis en avant, celui de ta-
rifer l'escompte.

M. LE COMMISSAIRE GÉNÉRAL. — Permettez !
Vous dites que l'intérêt se règle par l'offre
et la demande, non par le capital disponible,
mais par le capital qu'on veut prêter. Croyez-
vous que, dans l'état actuel de nos habitudes
commerciales, étant donné le chiffre médio-
cre de dépôts en comptes courants qu'il y a
dans les banques, relativement à ce qu'il y a
dans d'autres pays où l'on n'a plus anciennement l'habitude de ces virements, de ces dépôts, de tout ce mécanisme, croyez-vous que,
s'il n'y avait pas cette facilité pour la Banque
de créer un papier qui ne lui coûte rien, pour
le donner en escompte, croyez-vous que le

6.

rapport de l'offre à la demande ne serait pas troublé, à ce point que, pendant longtemps au moins, les besoins de l'escompte ne seraient pas satisfaits ou le seraient trop chèrement?

Je ne parle pas ici de l'absolu, je parle du relatif.

M. Cernuschi. — J'ai réfléchi à cette objection, je me la suis posée moi-même; je me disais : il est évident que la Banque s'approprie indûment une portion du capital social par ces émissions; mais au moins elle rend des services, elle emploie cette portion du capital social qu'elle s'est appropriée à faire des escomptes. Que la monnaie fiduciaire disparaisse, et l'escompte s'en trouvera gêné.

M. le Commissaire général. — Au moins pendant longtemps, jusqu'à ce que les habitudes se soient modifiées.

M. Cernuschi. — Le remède consisterait à adopter simultanément une autre réforme très-considérable, la renonciation de la part de l'État à la dette flottante. L'État fait une concurrence énorme aux particuliers par l'émission des bons du Trésor et par tous les capitaux flottants qu'il garde en mains. Il a le monopole naturel de la dette perpétuelle ; c'est là son fonds : qu'il s'y tienne, qu'il émette des rentes quand il a besoin d'argent, mais qu'il laisse au commerce les capitaux flottants. Supposons qu'il n'y ait plus de bons du Trésor, ces capitaux flottants rendus par le Trésor chercheront un autre emploi. Il y en a sans doute une partie qui ira à la rente, mais la plus grande partie ira aux banques d'escompte. Je crois alors qu'il y aurait suffisamment de capitaux flottants pour répondre à tous les escomptes sans l'intervention d'un établissement privilégié, espèce de providence toujours accusée, et toujours impuissante.

Maintenant, Messieurs, il est peut-être bon de répondre à beaucoup de personnes qui demandent le maximum pour le taux de l'escompte.

Leur argument consiste à dire : Quand on donne le monopole on impose des conditions.

Je parle ici subsidiairement, bien entendu, parce que je réserve mes idées plus générales.

Monopole ou non, on fait les conditions

qu'on peut faire. Si on me concède la construction d'un chemin de fer, j'accepte un tarif; très-bien. Mais si on me donne le monopole d'une banque, je n'accepterai jamais un tarif. Aggravez ma position tant que vous voudrez, faites-moi payer mon monopole le plus cher que vous pourrez; dites que les bénéfices iront à droite, à gauche; je puis aller jusqu'à faire la banque gratuitement, ou ne retirer de mon capital de fondation que 6 p. 100 l'an et même moins; mais je ne puis pas endosser l'obligation de donner de l'argent à un prix constant; la bonne volonté n'y suffirait pas. Personne ne peut dire : Je donnerai tous les ans au public le blé à tel prix. L'escompteur est dans le même cas.

M. Rouher. — Vous ne croyez pas que les intérêts fixes pour une banque d'émission soient possibles ?

M. Cernuschi. — C'est de toute impossibilité. Pour fixer le taux de l'escompte, il faudrait, entre autres choses, rendre d'abord invariable, fixer la valeur de l'or. Si on fixe la valeur de l'or, il faut fixer la valeur de toutes les autres denrées. Tous les prix forment une équation. On ne peut pas arrêter un terme sans arrêter tous les termes.

M. FOULD. — Le progrès, suivant vous, serait de revenir à la base métallique pour toute la circulation?

M. CERNUSCHI. — Ce serait le progrès absolu, Monsieur le Ministre; progrès économique et progrès intellectuel.

M. FOULD. — Vous avez émis des idées larges sur le progrès économique et sur l'échange. Est-ce que vous ne regardez pas le billet de banque comme un moyen d'échange qui facilite les transactions?

M. CERNUSCHI. — Non, il fait l'office de monnaie, ni plus ni moins, et la monnaie naturelle, l'or vrai suffit.

M. A. FOULD. — Comme moyen de transport, est-ce qu'il n'y a pas avantage au billet de banque? S'il fallait toujours avoir sur soi la masse d'or que peut contenir un portefeuille, est-ce que vous ne verriez pas là un inconvénient pour les transactions commerciales?

M. Cernuschi. — Adoptez le système anglais. Au delà de 14 millions sterling, tous les billets sont représentés par de l'or.

M. A. Fould. — On n'a pas renoncé à l'émission dans le système anglais. Si Robert Peel avait eu les idées que vous dites, il y aurait renoncé complétement. Quand il a permis de faire 14 millions sterling de circulation, c'est qu'il a jugé qu'il était nécessaire pour les besoins du pays d'avoir une certaine monnaie fiduciaire qui aidât les transactions. Il a admis le principe, seulement il a voulu le limiter. Il réagissait contre un temps dans lequel on avait abusé du billet de banque. La multiplicité des banques et la légèreté avec laquelle elles avaient été dirigées avaient compromis la situation commerciale et financière de l'Angleterre ; mais il n'a pas été jusqu'à dire qu'il ne fallait pas de monnaie fiduciaire. Il l'a réglée, il l'a limitée ; mais elle existe.

M. Cernuschi. — En effet, il ne l'a pas dit.

M. A. Fould. — Dans ce qu'on a appelé son préambule dans le discours qui indique toutes ses théories, il a dit le contraire.

M. CERNUSCHI. — La monnaie fiduciaire existait déjà en Angleterre; il a voulu y couper court à la manière anglaise, par des tempéraments.

M. A. FOULD. — Il a voulu la réglementer et mettre obstacle au désordre qui existait. Il y a réussi dans une certaine mesure. Quelques personnes pensent qu'il a dépassé le but; mais enfin il a toujours admis la nécessité du billet de banque, et je ne crois pas que la suppression du billet de banque serait un progrès au point de vue économique.

M. CERNUSCHI. — Je ne puis pas admettre que Robert Peel ait laissé penser qu'il croyait à la nécessité de la monnaie fiduciaire.

M. A. FOULD. — Il n'a pas dit le contraire du moins.

M. CERNUSCHI. — La monnaie fiduciaire existait déjà en Angleterre, les autres peuples l'admettaient; il n'a pas cru pouvoir la proscrire d'un seul coup. Mais, à mon avis, toute sa conduite prouve qu'il ne croyait pas à la monnaie fiduciaire; il l'acceptait, mais dans une mesure restreinte, en posant une limite législative aux émissions.

M. A. FOULD. — Si vous avez à emporter 100,000 francs en écus dans vos poches, c'est très-gênant.

M. CERNUSCHI. — On peut émettre des billets comme ceux d'Angleterre au delà de 14 millions sterling. Qu'on fasse alors des billets de 20 francs, si on veut. La querelle des petites coupures sera terminée pour toujours. La Banque a résisté longtemps sur ce point, elle qui allait faire des bénéfices en les émettant, et le public, qui n'y avait aucun intérêt, les a toujours demandées comme une manne.

M. A. FOULD. — Je comprendrais un peu plus votre argumentation si vous disiez : Le billet de banque est bon, mais il doit toujours être représenté par une base métallique.

M. CERNUSCHI. — C'est tout ce que je dis.

M. A. FOULD. — Il y a un autre système

de banque où il n'y a ni billet de banque ni émission.

M. Cernuschi. — C'est le système de la banque de Hambourg.

M. A. Fould. — Là, on fait ses affaires en voyage, sans avoir de billets de banque.

M. Cernuschi. — Hambourg est un port de mer qui fait de grandes affaires. Les payements entre les commerçants s'y opèrent par des bons de virement sur la Banque; mais au fond mon système est le même. Au lieu d'avoir une inscription nominative dans un livre, on retirera des titres au porteur. On aura des *reconnaissances d'or déposé.*

M. Fould. — Il me semble que dans la première partie de votre déposition, vous avez exposé ce système : que les capitaux sont toujours les mêmes, qu'ils se trouvent toujours dans le pays.

Cela est vrai, les choses existent; mais la valeur que l'opinion publique leur donne diffère suivant les temps dans lesquels on se trouve. Vous ne pouvez pas comparer la valeur des choses en 1793 et en 1848 avec celle qu'elles ont aujourd'hui ; et cependant elles existaient à ces deux époques. Il y a donc, pour établir la valeur des choses, d'autres circonstances que celles de l'or et de l'argent.

M. CERNUSCHI. — Non.

M. FOULD. — Cependant les preuves sont là.

M. CERNUSCHI. — Tout est en rapport.

M. FOULD. — Personne ne faisant rien, il n'y a pas de proportion.

M. CERNUSCHI. — La cherté des choses veut toujours dire qu'il y a beaucoup de monnaie, qu'elle est bon marché. Le bon marché signifie au contraire que la monnaie est rare.

M. FOULD. — C'est la confiance. Il faut, pour que les travaux marchent, qu'il y ait une certaine confiance. Aux époques dont je parle il n'y en avait pas du tout : les capitaux étaient inactifs, inertes ; alors il n'y avait plus de valeur.

M. ROUHER. — C'est ce qui faisait que

l'or représentait une somme de capitaux plus considérable qu'aux autres époque.s

M. FOULD. — Il n'y avait même pas de transactions.

M. ROUHER. — En 1848 on aurait acheté pour 100,000 francs une maison que plus tard on n'aurait plus eue que pour 300,000 francs.

M. FOULD. — Il faut tirer de ces exemples extrêmes un enseignement.

Il y a, en dehors de la valeur que donne la proportion des métaux précieux avec les objets existants, des circonstances politiques qui déterminent la confiance et d'autres qui la retirent. Cette fluctuation est constante. Il y a des inquiétudes de guerre, des motifs d'un autre genre; on craint une mauvaise récolte : tout de suite les capitaux se resserrent. Il y a donc d'autres circonstances que la proportion du métal avec les capitaux, qui influent sur la valeur des choses. Il faut tenir compte de tout cela; et dans un système absolu comme le vôtre, Monsieur, qui peut être établi sur des données très-justes, il manque un peu ce que j'appellerai les résultats de l'expérience.

M. Cernuschi. — Mon système est un système d'observation. Je dis qu'il y a toujours un rapport mathématique entre la valeur du métal et la valeur des autres choses. S'il y a défiance, s'il y a panique, l'or augmente de valeur et tous les prix tombent.

M. le Commissaire général. — Vous considérez que le capital qui se cache est comme s'il n'existait pas ?

M. Cernuschi. — L'or enfoui est comme retourné à la mine.

M. Fould. — Dans l'administration des affaires, comme il s'agit d'appliquer à la Banque les observations que l'expérience a pu suggérer, il est difficile de ne pas faire entrer tous les éléments en ligne de compte.

M. Cernuschi. — Je ne les méprise aucunement.

M. Fould. — Le système que vous avez développé est absolu. Est-il vrai ? est-il logique? Je n'en dis rien. Je vous dis seulement que, dans l'application, il faut voir un peu les concessions qu'on peut faire sur les vérités absolues.

M. Cernuschi. — La valeur des choses, la disponibilité des capitaux, l'inventaire social, ce sont là des points théoriques qui peuvent être laissés de côté dans la question des banques. Ce à quoi je tiens, c'est l'attaque directe, convaincue, absolue que je soulève contre le billet de banque. Le billet de banque a fait son temps, il n'est d'aucune utilité, il ne sert à rien et il peut faire un mal immense à un moment donné. Quand les banques sont-elles nées? C'est toujours la politique qui les a enfantées.

M. Fould. — Il faut cependant mettre les faits en ligne de compte.

Vous dites : Le billet de banque a fait son temps.

Il est facile de se reporter à l'état de la circulation dans le passé, et je crois que jamais la circulation ne s'est développée avec autant de rapidité qu'aujourd'hui. On est arrivé à 900 millions de billets de banque, et

7.

il y a vingt ans, quand on arrivait à 4 ou 500 millions, on avait atteint le maximum.

Pourquoi, si c'est utile, si cela ne tient pas sa place dans les transactions, la multiplication s'est-elle faite si rapidement ?

M. CERNUSCHI. — Si on dit qu'en France la circulation du billet de banque a augmenté, je pourrais dire qu'en Angleterre elle diminue.

M. FOULD. — Je ne crois pas qu'elle diminue en Angleterre.

M. CERNUSCHI. — Les bilans de toutes les banques d'Angleterre prouvent qu'elles émettent 3 millions de livres sterling de billets de moins qu'elles ne sont autorisées à en émettre.

Quand je dis que le billet de banque a fait son temps, je n'entends pas dire qu'il est discrédité, mais je parle au point de vue scientifique. On peut émettre en France encore bien des millions de billets de banque : on les prendra; mais plus on en émettra, plus on fera monter tous les prix.

M. ROUHER. — Le billet est, à vos yeux,

une monnaie fictive qui a pour double résultat de déprécier la monnaie véritable et d'altérer le prix des choses qu'on obtient à l'aide de cette monnaie.

M. Cernuschi. — Oui, Monsieur ; c'est le même phénomène regardé des deux côtés. J'ajoute que tant qu'on a confiance dans la monnaie fiduciaire à découvert, c'est-à-dire représentant autre chose que de l'or déposé ; tant qu'on croit que le remboursement est assuré, elle peut conserver le pair ; mais si on continue à en émettre beaucoup, elle finit par tomber au-dessous du pair.

M. d'Eichthal. — Je ne veux nullement discuter, je veux seulement rectifier un fait historique.

Robert Peel a si peu abandonné l'idée des émissions, que quand, dans le débat, on lui a posé la question de savoir pourquoi il fixait le chiffre de 14 millions, il a répondu que c'était là une chiffre fixé actuellement, provisoirement, et qu'il était ainsi fixé parce que ce chiffre représentait exactement les deux tiers de la circulation.

Aujourd'hui c'est encore la même proportion. La banque d'Angleterre a bien 26 millions de billets ; mais comme il y a 5 millions qu'elle trouve plus commode d'avoir dans le département de l'escompte, elle n'a réellement que 21 millions en circulation, dont les deux tiers sont 14 millions.

C'est là l'opinion bien nette et bien formulée de Robert Peel, et son opinion n'est nullement celle que M. Cernuschi ferait résulter de cette mesure en elle-même.

M. CERNUSCHI. — Si tous les États adoptaient la mesure introduite par Robert Peel, ce ne serait plus pour le système des émissions qu'une question de temps. Voulant limiter l'émission, Robert Peel devait fixer un chiffre d'émission, et ce chiffre devait nécessairement se trouver dans une proportion quelconque avec la monnaie métallique du pays. Ceci n'affaiblit pas mes déductions.

Je répète que si la France adoptait le système anglais, on marcherait vers la suppression des billets de banque. Il me semble que cette opinion s'énonce d'elle-même. Elle me semble évidente.

Il y a plutôt une autre objection qu'on peut

me faire : c'est que l'acte de Robert Peel a
été violé deux fois, une fois en 1847 et une
fois en 1857.

M. ROUHER. — Évidemment, pour donner
une plus grande extension aux billets de
banque.

M. CERNUSCHI. — On en a émis pour quelques jours quelques centaines de mille livres
de plus que ce qui était fixé par la loi.

M. ROUHER. — Ils ont été obligés de
faire plus de monnaie fiduciaire ; par conséquent, ils violaient encore plus vos principes.

M. CERNUSCHI. — C'est moi-même qui
énonce le fait, parce que je veux aller au
devant de toutes les objections. Pour moi,
le billet de banque, c'est la monnaie de l'état
de siége ; on ne doit l'émettre qu'en cas de
désespoir, et jamais pour encourager les affaires. Une fois que l'Angleterre a soldé tous
ses comptes, qu'elle a payé tout ce qu'elle
doit au dehors, si elle n'a plus de monnaie,
la monnaie supplémentaire qu'on émet est

destinée à maintenir la possibilité des échanges intérieurs, mais avec un avis très-clair et très-net que c'est pour cela, et pas pour autre chose. La Banque tient l'escompte à 10 pour 100 et retire les billets supplémentaires aussitôt que possible. Je concède le papier fiduciaire comme une mesure de salut public, mais je dis que commerce libre et monnaie fictive sont deux choses contradictoires. On n'est pas émancipé tant qu'on se nourrit d'illusions pernicieuses dans le présent, et encore plus dangereuses pour l'avenir.

M. Rouher. — Nous vous remercions, Monsieur, des explications que vous avez bien voulu nous donner.

M. Cernuschi donne communication d'un projet de transformation pour la Banque de France, tiré de son livre intitulé : *Mécanique de l'échange.*

« Aucune erreur n'a jamais été aussi for-« tunée que l'erreur de la monnaie fiduciaire, « de l'or supposé. Elle satisfait les conserva-« teurs, elle séduit les novateurs, elle plaît « aux riches, elle sourit aux pauvres. Le

« charme est général et, cependant on se
« combat à outrance, ici pour le privilége,
« là pour la liberté.

« Le privilége est pris en aversion, on s'ir-
« rite, on le rend responsable de tout, même
« du mal qu'il ne fait pas et même du bien
« qu'il ne peut pas faire. On veut le renver-
« ser. Cependant l'émission libre a causé par-
« tout des désastres. Partout on a fini par
« décimer le droit commun, sacrifice tou-
« jours douloureux, mais accepté quelquefois
« comme un mal moindre. On dirait que l'ex-
« périence est moins défavorable pour le
« monopole que pour l'antimonopole. Qu'im-
« porte? Le privilége est odieux, sa dispari-
« tion promet un soulagement indicible.

« Entre les deux systèmes également forts
« à l'attaque, également faibles à la défense,
« la lutte est interminable. C'est que l'illusion
« est des deux côtés, c'est que la vérité est
« ailleurs. Mieux vaudrait renoncer d'un com-
« mun accord à la fausse toison, mieux vau-
« drait faire parler ce sphinx de l'or supposé,
« lui faire dire son secret : Je ne suis qu'une
« idole, idole avec le privilége, idole avec la
« liberté.

« En fait d'or supposé, on ne sera dans le
« vrai que le jour où, tout le monde étant li-
« bre de l'émettre, personne ne voudra plus
« l'accepter.

« Il appartient à la puissance publique de
« donner l'exemple. Parfois, l'amélioration
« des choses humaines ne se fait que par des
« guerres, des bouleversements, des luttes
« territoriales. Souvent on l'obtient par des
« moyens opposés : l'accord, le traité, la con-
« vention, le concordat, l'adoption simulta-
« née d'une mesure reconnue réciproque-
« ment salutaire. Le jour viendra donc pour
« les traités monétaires.

« Les États se promettront réciproque-
« ment de n'avoir aucune relation d'affaires,
« aucune créance, aucune dette envers les
« banques d'émission quelles qu'elles soient.

« Ils se promettront qu'au bout d'un cer-
« tain temps et par des retraits successifs tout
« l'or supposé actuellement émis par les ban-
« ques privilégiées sera annulé.

« Ils se promettront de ne plus accorder
« aucun privilége pour l'émission de l'or sup-
« posé.

« Ils se promettront de ne plus recevoir, à

« partir d'une certaine époque, aucun paye-
« ment en or supposé et de n'accepter que des
« reconnaissances de dépôt donnant, non une
« créance, mais la propriété de l'or vrai réel-
« lement déposé. Cette stipulation suffira pour
« arrêter toute émission d'or supposé sans la
« défendre. Répudié et refusé par les caisses
« publiques, l'or supposé sera bientôt répu-
« dié et refusé par le public tout entier. Le
« privilége disparaîtra, l'or supposé disparaî-
« tra, et aucune liberté ne sera lésée.

« On pourrait objecter que partout les États
« ont des dettes envers les banques privilé-
« giées. C'est vrai, mais ils sont libres de
« changer de créanciers, il leur est facile
« d'emprunter au public ce qu'ils ont em-
« prunté aux banques privilégiées et de les
« rembourser.

« Ils cesseront ainsi d'avoir une part même
« indirecte dans les bénéfices que les banques
« privilégiées réalisent en s'appropriant une
« portion du capital général.

« La disparition de l'or supposé est chose si
« importante, si peu coûteuse, si rationnelle,
« si juste, si utile, si réparatrice, qu'un État
« devrait la vouloir lors même qu'il serait

« seul à la vouloir et que le concours des au-
« tres États lui ferait défaut. Il lui suffit de
« s'entendre avec les actionnaires de la ban-
« que privilégiée. De quoi s'agit-il enfin?
« D'une indemnité à leur payer pour le ra-
« chat de leur privilége. Cette indemnité
« peut devenir très-légère pour l'État, et
« même se réduire à rien, l'État disant à la
« banque d'émission :

« Renoncez au privilége;

« Retirez graduellement tout l'or supposé
« qui circule;

« Devenez simple banque d'escompte;

« Je cesse le commerce des capitaux flot-
« tants et je vous cède ma clientèle.

« Je vous garantis pour le temps que le
« privilége devait durer un dividende annuel
« égal au dividende actuel.

« J'aurai droit à une portion de vos béné-
« fices au delà du minimum garanti, mais
« seulement jusqu'à remboursement des com-
« pléments de dividende que j'aurai payés.

« Cette convention ouvrirait un grand ave-
« nir à la Banque elle-même.

« Tant qu'une banque émet de l'or supposé,
« elle ne peut faire appel aux capitaux, il fau-

« drait leur payer des intérêts, et la banque
« d'émission aurait grand tort de payer des
« intérêts, elle qui peut se fabriquer, dans ses
« bureaux, autant de capitaux gratuits qu'il
« lui convient. Mais dès le jour où la banque
« d'émission se serait transformée en banque
« d'escompte, son premier acte sera d'ouvrir
« des comptes courants à intérêts.

« A son appel, on verra accourir de toutes
« parts et sur tous les points qu'elle indiquera
« les capitaux en masse, ceux qui avaient
« contracté l'habitude d'aller à la trésorerie
« de l'État, désormais retiré du commerce,
« et ceux qui souvent restaient sans emploi,
« faute d'un preneur sur place inspirant assez
« de confiance. Qui ne voudrait être le client
« de la grande banque qui s'est enfin décidée
« à bonifier des intérêts? Elle sera la plus
« commode, la meilleure des caisses d'épar-
« gne; elle sera la banque préférée entre
« toutes les banques. Ne voit-on pas que,
« déjà actuellement, on lui verse des sommes
« considérables, quoiqu'elle ne paye aucun
« intérêt?

« Pour répondre à tous les besoins, la
« Banque émettra des billets à rente rem-

« boursables moyennant préavis, et des bons
« à intérêt payables à échéance fixe, le tout
« au gré des preneurs; elle multipliera les
« succursales, elle aura des agences dans un
« grand nombre de localités, et des corres-
« pondances même à l'étranger. L'or voyage;
« pourquoi la Banque ne serait-elle pas pré-
« sente sur tous les grands marchés?

   « Ce ne sont certes pas les capitaux qui fe-
« ront défaut à la Banque, mais plutôt la ma-
« tière escomptable. Et alors l'État pourra
« s'adresser à elle pour, au besoin, faire es-
« compter ses acceptations et obtenir des
« avances sur nantissement. La Banque n'é-
« mettant plus d'or supposé, ses rapports avec
« l'État seront parfaitement réguliers.

   « La transformation de la banque d'émis-
« sion en banque d'escompte ordinaire pro-
« duira instantanément un grand bien moral.

   « Toutes les prétentions en fait de crédit
« ou d'escompte, toutes les erreurs en fait de
« monnaie tomberont d'elles-mêmes.

   « La Banque ne sera plus le point de mire
« de toutes les accusations, ni le point de
« départ de toutes les idées fausses. (Voir la
note 10, page 129.)

« Quand l'or se raréfiera, quand l'escompte
« s'élèvera, la Banque accordera un intérêt
« plus élevé aux comptes courants ; quand l'or
« abondera et que l'escompte baissera, elle
« escomptera à meilleur marché. Personne ne
« s'en plaindra.

« L'équilibre entre l'escompte à prendre
« d'un côté et l'intérêt à bonifier de l'autre
« sera maintenu par les événements eux-
« mêmes.

« La Banque sera désintéressée dans les
« oscillations du taux d'escompte. Avec le
« taux abaissé ou avec le taux élevé, son bé-
« néfice restera le même ; ce sera toujours
« une même différence entre l'intérêt payé et
« l'intérêt perçu.

« Il en sera pour le commerce de l'or et de
« l'escompte comme pour tous les autres com-
« merces : l'oscillation favorisera tantôt les
« uns et tantôt les autres.

« Libre et puissante, marchant dans les
« voies de la justice et de la vérité, la Banque
« transformée sera le grand marché des capi-
« taux flottants. Ses affaires prendront un
« essor incalculable. En peu de temps, ses
« bénéfices égaleront les bénéfices qu'elle fai-

8.

« sait avec l'or supposé; en peu de temps,
« elle nivellera son compte de garantie avec
« l'État.

« La grande masse et la grande subdivision
« des effets (effets qui représentent des mar-
« chandises réellement livrées par l'escompté)
« réduisent infiniment les risques de l'es-
« compte; aussi la Banque transformée n'aura
« besoin ni de grand capital ni de grandes
« réserves en fonds publics. Ceux qu'elle pos-
« sède, elle les distribuera en nature à ses
« actionnaires. Les actionnaires rentreront
« ainsi dans une portion du capital versé,
« sauf à le reverser en cas d'appel, suivant
« ce qui se pratique dans toutes les sociétés
« de banque et d'assurances.

« La réapparition de la reconnaissance au
« porteur doit coïncider avec la disparition
« de l'or supposé. Mais le métal précieux, ap-
« partenant aux porteurs des reconnaissances
« de dépôt, ne doit pas figurer dans l'actif de
« la Banque, comme les reconnaissances de
« dépôt ne doivent point figurer dans son pas-
« sif. Il faut faire ici ce qu'on fait pour les
« titres déposés, lesquels n'entrent jamais
« dans les comptes de la Banque. Les dépôts

« de titres comportent des certificats nomi-
« natifs; les dépôts de métal précieux sont
« constatés par des reconnaissances au por-
« teur. Voilà la seule différence entre le dé-
« pôt de titre et le dépôt de métal précieux.
« Mais cette différence a des conséquences
« importantes au point de vue du contrôle
« des dépôts.

« Le déposant de titres est nanti d'un cer-
« tificat relatant distinctement tous les numé-
« ros des titres déposés.

« Le déposant d'or n'a rien et ne peut rien
« avoir de pareil. Il a bien en main une re-
« connaissance au porteur; mais la somme
« déposée se mêle aux autres sommes, au-
« cun signalement ne la fait connaître.

« Une garantie est pourtant nécessaire : il
« faut que les dépôts de monnaie métallique
« soient soumis à des vérifications fréquen-
« tes, publiques, solennelles. Il faut absolu-
« ment savoir d'une manière authentique si
« tout l'or déposé, tout l'or représenté par les
« reconnaissances est à sa place.

« Il circule de par le monde pour trois
« mille tonneaux d'or supposé. Monnaie abu-
« sive et trompeuse ! Ses bienfaits sont nuls,

« ses dangers incontestables. L'expérience
« est là : elle est terrible. Il n'existe pas de
« grande banque d'émission qui n'ait arrêté
« ses payements. Toutes ont failli à leurs en-
« gagements, toutes ont ce mauvais précé-
« dent, le cours forcé. Il faut donc aviser,
« car le désastre peut se renouveler.

« Le cours forcé est un abîme dont on peut
« revenir, mais on n'est jamais sûr d'en re-
« venir sans de profondes blessures. Le péril
« est surtout redoutable si la fabrication de
« l'or supposé est concentrée dans un seul
« établissement et si cet établissement a le
« pouvoir d'en émettre à volonté.

« Quand même il serait vrai que l'or sup-
« posé développe les affaires, quand même
« il serait faux que l'or supposé impose de
« grandes pertes au public, il serait encore
« sage de renoncer à un expédient qui fait
« courir de si grands dangers.

« Quelque admiration qu'on professe pour
« l'or supposé, on n'est pas quelquefois sans
« avoir au fond de grandes inquiétudes. On
« discute alors sur la limite que l'émission
« ne devrait pas dépasser. C'est là un hom-
« mage involontairement rendu à la vérité,

« Comment soutenir que ce palladium de
« l'activité sociale, que cette monnaie si sa-
« lutaire devienne tout à coup si dangereuse,
« seulement parce que la dose en est aug-
« mentée d'un cinquième ou d'un sixième,
« d'une somme égale à peine au produit men-
« suel de l'impôt? Et si on craint de l'aug-
« menter même si faiblement, comment sou-
« tenir que cette monnaie est opportune,
« qu'elle est utile, qu'elle est puissante?

« Ce n'est pas moins par la qualité que par
« la quantité que l'or supposé est un mal.
« Pour s'en défendre, il n'y a qu'une mesure
« radicale : la déconsidération et l'abandon.

« Il a fallu des siècles pour qu'on cessât
« d'altérer la monnaie. En faudra-t-il pour
« qu'on renonce à l'or supposé? La réforme
« sera plus difficile, car on ne croyait pas à
« l'or altéré, et on veut croire à l'or supposé.
« C'est une religion. »

NOTES

NOTE N° 1

LE FRANC D'ARGENT ET LE FRANC D'OR

BAISSE DE L'OR.

La France a adopté deux mesures monétaires : le franc d'argent et le franc d'or. On trouve dans un kilogramme d'or pur autant de francs que dans 15 1/2 kilogrammes d'argent pur, et le débiteur est maître de s'acquitter en payant à son choix des francs d'or ou des francs d'argent.

Avant la découverte de l'or californien et australien, on avait intérêt à s'acquitter en francs d'argent, car avec un kilogramme d'or on pouvait acheter dans le commerce un peu plus que 15 1/2 kilogrammes d'argent. Le franc d'or valait donc plus que le franc d'argent ; il faisait prime, comme on dit.

9

Actuellement, c'est l'inverse. L'or est devenu abondant et l'on a intérêt à payer avec des francs d'or plutôt qu'en francs d'argent; car avec 15 1/2 kilogrammes d'argent on peut acheter dans le commerce un peu plus qu'un kilogramme d'or. C'est donc le franc d'argent qui fait prime sur le franc d'or.

Prime sur l'or ou prime sur l'argent, c'est là une locution du marché français qui sert à énoncer que le kilogramme d'or vaut ou plus ou moins que 15 1/2 kilogrammes d'argent.

Cette locution n'a pas de sens en Angleterre ni dans les autres pays qui, comme l'Angleterre, ont un seul métal monétaire. (L'or est la seule monnaie anglaise; l'argent n'est employé par les Anglais que pour les appoints.)

Tandis qu'en France on échange l'or contre l'argent à telle prime plus ou moins forte au-dessus ou au-dessous de la proportion légale fixée à un pesant d'or contre 15 1/2 pesants d'argent, en Angleterre, où aucune proportion légale n'a été établie entre la valeur des deux métaux, on achète le métal argent au poids comme tout autre métal, et on paye avec l'or. L'argent ne fait jamais prime, pas plus que le fer ou le cuivre.

En Angleterre, le prix de l'or ne peut pas varier, et en France, ce qui varie ce n'est pas le prix de l'or, mais le rapport de valeur entre le franc d'or et le franc d'argent, entre un kilogramme d'or et 15 1/2 kilogrammes d'argent.

Quel que soit le coût de l'extraction du métal, tout kilogramme d'or nouvellement découvert vaut exactement autant que tout kilogramme d'or ancien; mais plus il y a de kilogrammes d'or au monde, moins vaut chaque kilogramme. On a donc eu raison, à l'époque de la découverte des nouvaux gisements aurifères américains, de prédire la baisse de l'or.

L'événement n'a pas manqué; toute chose vaut actuellement une plus forte quantité d'or qu'elle n'en valait; tout a renchéri : donc l'or a baissé de valeur.

Je sais que la baisse de l'or a été niée. On a dit : voyez le métal argent, sa valeur n'a pas augmenté de beaucoup vis-à-vis de l'or; donc la baisse de l'or est insignifiante. Le fait est vrai quant à l'argent; mais l'induction est fausse quant à l'or.

Oui, l'argent, quoique devenu plus rare par rapport à l'or, n'a pas renchéri considérablement. Mais pourquoi? Parce que la monnaie d'argent a perdu de son utilité par suite de la plus grande concurrence que lui fait la monnaie d'or. Certes, si on était tenu d'effectuer chaque payement moitié en francs d'or et moitié en francs d'argent, l'argent aurait renchéri bien davantage. Mais comme on est libre de ne pas employer la monnaie d'argent pour payer, il s'ensuit que ce métal ne peut pas obtenir toute la plus-value que la surabondance relative de l'or paraîtrait justifier.

Ainsi s'expliquent les deux phénomènes qui se sont produits simultanément depuis l'exploitation des nouveaux gisements aurifères, à savoir :

1° Baisse de l'or, c'est-à-dire renchérissement général de toute chose vis-à-vis de l'or ;

2° Hausse peu considérable du métal argent.

Cette hausse de l'argent aurait même pu

être nulle, si le métal argent n'avait pas été continuellement demandé pour l'exportation, à l'effet de payer les denrées achetées dans des pays lointains où les payements se font ex—clusivement en métal argent.

NOTE N° 2

L'UNITÉ DE MONNAIE

Pour fabriquer 126 pièces de 20 francs, ou pour fabriquer 100 livres sterling, on emploie la même quantité d'or.

Par conséquent, posséder 2,520 francs d'or, ou posséder 100 livres sterling, c'est posséder la même quantité d'or, ce qui revient à dire qu'il y a parité métallique entre une livre sterling et 25 fr. 20 cent. d'or, entre une pièce de 20 francs et 15 schellings 10 pences et demi d'or.

Malheureusement l'or frappé en Angleterre n'a pas régulièrement cours en France, et l'or frappé en France n'a pas régulièrement cours en Angleterre.

Si, étant à Londres vous avez des pièces de 20 francs et que vous vouliez les convertir en monnaie anglaise, il vous faut en livrer 126 1/2 (2,530 fr. d'or) à la Banque dAngleterre. pour avoir par contre 100 livres sterling ; et réciproquement si étant en France vous voulez convertir des livres sterling en monnaie française, il vous faut en porter 100 2/5 à la Monnaie pour avoir 126 pièces de 20 francs.

En d'autres termes, la livre sterling, qui contient 25 fr. 20 c. d'or, est vendue 25 fr. 30 c. par la Banque d'Angleterre et achetée 25 fr. 10 c. par la Monnaie française; et la pièce de vingt francs, qui contient 15 schellings 10 pences et demi, est vendue 15 schellings 11 pences et demi par la Monnaie de Paris et achetée 15 schellings 9 pences et demi par la Banque d'Angleterre.

Pourquoi ces pertes réciproques? L'or n'est ni anglais ni français.

Un désir souvent exprimé est celui qui a pour objet l'*unité de monnaie*, et on entend par unité de monnaie l'adoption universelle d'un même système de monnayage. Mais quel système choisir? Tous les systèmes connus ont leurs défauts. Le système français est loin d'être parfait à tous égards. Il a bien pu, propagé par les baïonnettes, s'introduire en Italie, en Belgique, en Suisse, mais on ne peut compter que les autres peuples fassent des révolutions pour l'adopter.

La véritable unité de monnaie, celle qui importe le plus, on la possède déjà, c'est l'unité de matière. Dès que la plupart des pays emploient l'or et l'argent pour évaluer et pour payer tous les biens et tous les titres, on peut dire que l'unité de monnaie est en vigueur.

Commençons donc par tirer de cette unité de matière tous les avantages qu'elle nous offre, par cela seul qu'elle existe déjà.

Le prix du change entre deux pays est formé de deux éléments, la distance et l'effigie différente des espèces.

Lors même que l'Angleterre renoncerait aux sterlings pour ne frapper que des francs, le change aurait toujours un prix entre Paris et Londres, à cause de la distance. On se soustrait néanmoins, autant que possible, aux effets de la distance, par les payements compensatoires que les banquiers opèrent entre les différents pays, au moyen de lettres de change et des comptes courants.

Reste à économiser sur la différence d'effigie, en évitant les frais de refonte. Cette

économie se réaliserait toute seule, si la monnaie étrangère était admise à circuler; si, par
exemple, la livre sterling était acceptée par
les caisses publiques en France à 25 fr. 20 c.
et la pièce de vingt francs acceptée par les
caisses publiques en Angleterre à 15 schellings 10 pences et demi, si on cessait ainsi
d'établir des différences si contradictoires
entre deux choses égales : 100 livres sterling
et 126 pièces de vingt francs.

NOTE N° 3

LA MONNAIE FIDUCIAIRE, LE CHÈQUE
ET LE CRÉDIT

Le questionnaire contient, sous le n° 18, cette demande :

« Est-ce par les émissions de billets au « porteur et à vue ou à l'aide des compensa- « tions par virements, comptes courants, chè- « ques, etc., que le crédit tend à se déve- « lopper? »

Réponse : Ni par l'un ni par l'autre.

L'*émission* des billets de banque augmente la masse monétaire : c'est une création de numéraire artificiel, d'*or supposé* ; mais cet *or supposé* ne se prête pas plus facilement que l'or réel. Donc le billet de banque ne développe pas le crédit.

La *compensation* est un procédé qui fait rencontrer les payements avec les encaissements. On fait ses affaires en gardant moins de monnaie en caisse, mais offrez ou acceptez des compensations, vous ne faites pas et on ne vous fait pas crédit pour cela.

Si vous me donnez en payement un chèque de mille francs, je vous délivre un écrit ainsi rédigé : « Reçu mille francs en un chèque»; et je vais toucher immédiatement (personne ne garde les chèques en portefeuille). Si le chèque est payé à présentation, tout est consommé, le reçu du chèque vous acquitte; si le chèque n'est pas payé, mon reçu devient nul, j'ai perdu ma course, mais, dans un cas comme dans l'autre, il n'y a pas eu entre nous la moindre opération de crédit.

On demande souvent si le chèque tend à se substituer au billet de banque. C'est une question mal posée. Ce n'est pas se passer de combustible que de brûler de la houille en place du bois ou du bois en place de la houille. Mais c'est épargner du combustible, houille ou bois, que d'employer tel appareil économique de combustion heureusement inventé à cet effet.

En matière de payements, la monnaie métallique et le billet de banque fonctionnent comme les deux combustibles et le chèque comme le procédé économique.

Il ne faut pas dire que le chèque tend à prendre la place de la monnaie fiduciaire; il faut dire que grâce aux chèques, surtout aux chèques de virement, on opère désormais tous les payements avec un stock de monnaie métallique et fiduciaire moins considérable.

Conserver en caisse beaucoup de métal ou beaucoup de billets de banque, c'est également perdre beaucoup d'intérêts. C'est pour conserver en caisse moins de métal et moins de billets de banque, improductifs tous les deux, qu'on a inventé les payements économiques, c'est-à-dire les compensations, les comptes en banque, etc.; ce n'est point pour substituer les chèques aux billets de banque.

NOTE N° 4

CRITIQUE

DE QUATRE PRINCIPES MONÉTAIRES

ÉNONCÉS PAR MM. PEREIRE

SAVOIR :

I. — Que la valeur de la monnaie réelle exprime les frais de production des métaux précieux.

II. — Que la monnaie fiduciaire émise en excès vient au remboursement.

III. — Que la monnaie fiduciaire ne fait pas concurrence à la monnaie réelle.

IV. — Que la monnaie fiduciaire est la représentation des lettres de change escomptées.

Postérieurement à ma déposition, MM. Pereire ont émis devant le Conseil d'enquête cette opinion que *la valeur de la monnaie réelle est l'expression des frais de production des métaux précieux*. (Voir les dépositions de MM. Pereire, imprimées chez Dupont, pages 52 et 138.)

C'est confondre le prix de revient et la valeur. La valeur des biens ne dépend nullement de ce qu'ils ont coûté, mais de l'utilité comparée qu'on leur reconnaît au moment où on les échange les uns contre les autres, et cette utilité est en même temps proportionnelle à l'abondance ou la rareté de chaque bien; la valeur de la monnaie ne fait pas exception à cette règle générale.

Si la valeur de la monnaie réelle était l'expression des frais de production du métal précieux, la monnaie n'aurait pas toute une égale valeur. Il y aurait la monnaie ayant occasionné de grands frais de production, qui aurait une grande valeur, et la monnaie extraite à peu de frais, qui en aurait une petite.

On ne peut pas même soutenir qu'il se fait une moyenne générale, ou, en d'autres termes, que tout l'or existant vaut la totalité des frais qu'il a coûtés aux extracteurs. S'il en

était ainsi, il faudrait tenir compte des intérêts courus sur le montant des frais d'extraction, et l'or, perpétuellement grevé de tous
ces intérêts, devrait augmenter tous les jours
de valeur. Il n'en est rien ; la valeur n'est pas
une récapitulation du passé, c'est une expression du présent.

Je dis que tout l'or existant ne vaudrait pas
moins de ce qu'il vaut actuellement, alors
même qu'il aurait été trouvé d'un seul coup,
par hasard et sans frais. Son utilité serait la
même, donc il aurait la même valeur.

Celui qui tire l'or de la terre sait par avance
combien vaudra l'or qu'il trouvera, il sait que
son or nouveau entrera en partage de valeur
avec tout l'or ancien, il sait que personne ne
demandera à connaître ses frais d'extraction.
Tant mieux pour l'extracteur, si la récolte est
abondante et peu coûteuse, tant pis dans le
cas contraire. La valeur de la monnaie n'est
nullement l'expression des frais de production des métaux précieux.

II

M. Émile Pereire a dit dans l'enquête :

« *Tant que la monnaie fiduciaire pourra se convertir à volonté en argent, on ne devra jamais se préoccuper de son abondance ; il n'en restera dans la circulation que ce que les besoins de cette circulation pourront comporter... Tout l'excédant vient au remboursement.* »

Cette opinion, il faut le reconnaître, est partagée par beaucoup de personnes. Mais, je le demande, pourquoi, si on possède des billets convertibles à volonté en numéraire, irait-on au remboursement? Est-ce qu'en gardant de l'or chez soi on ne perd pas les intérêts, ni plus ni moins que si on gardait les billets de banque? Et si on veut dépenser, si on a des payements à faire, ne vaut-il pas mieux s'acquitter avec les billets mêmes et s'épargner la peine d'aller d'abord les convertir en espèces métalliques à la Banque?

Les billets ajoutés aux billets ne font pas plus rentrer les billets à la Banque que l'or nouvellement découvert ne fait rentrer à la mine l'or ancien.

L'augmentation de la masse monétaire, papier ou métal, n'a qu'un effet : dépréciation de la monnaie.

III

Toute autre est la manière de voir de M. Isaac Pereire, déposant comme suit : « *La prétention de considérer la monnaie fiduciaire comme venant par sa masse diminuer la valeur de la monnaie métallique, et, par conséquent, comme devant nécessairement produire l'élévation des prix de toutes choses, est une prétention complétement dénuée de fondement; ce n'est qu'un paradoxe.*

« *La monnaie fiduciaire est en effet l'équivalent exact de la monnaie réelle... La monnaie fiduciaire vient s'ajouter à la monnaie d'or et d'argent; elle la supplée et la remplace.* »

M. Émile Pereire avait dit de même : « *La monnaie fiduciaire venant s'ajouter à la monnaie réelle, ne peut jamais diminuer la valeur de l'ensemble du numéraire, puisqu'elle n'en est que la représentation.* »

Il me semble que ce langage est contradictoire. De deux choses l'une : ou la mon-

10.

naie fiduciaire ne fait que représenter la monnaie métallique, et alors les banques doivent garder en caisse l'équivalent métallique des billets en circulation, il n'y a plus alors de monnaie fiduciaire, le billet de banque n'est plus qu'une simple *reconnaissance de dépôt* : ou la monnaie fiduciaire s'ajoute à la monnaie métallique, et alors le numéraire perd inévitablement de sa valeur. Ici j'invoque les paroles de MM. Pereire eux-mêmes. Ils écrivaient en 1834 : « *Augmentez la masse des valeurs représentatives à l'aide desquelles s'effectue la circulation, et vous n'aurez pas ajouté la plus légère parcelle aux richesses du pays, vous aurez seulement augmenté le prix nominal des produits.* » (Voir les pièces qui accompagnent les dépositions de MM. Pereire imprimées chez Dupont, p. 242.)

IV

On sait :

Que la Banque d'Angleterre a prêté tout son capital à l'État ;

Que l'État paye annuellement à la Banque l'intérêt de ce capital ;

Que la Banque est autorisée à émettre à découvert, c'est-à-dire sans contre-dépôt métallique, une somme de billets égale au montant du capital prêté à l'État ;

Que l'État exige de la Banque, comme prix du privilége, des annuités pécuniaires et de services financiers qui représentent une valeur à peu près égale à la somme des intérêts annuels dus à la Banque sur le capital par elle prêté.

Qu'y a-t-il au fond de cet organisme ? Une véritable émission de papier-monnaie de la part de l'État. En effet, l'État, après avoir balancé ses comptes annuels avec la Banque, se trouve bien réellement en possession gratuite d'un capital égal au montant de l'émission autorisée. Si l'État avait émis lui-même directement une somme équivalente de papier-monnaie, sa position et ses bénéfices seraient identiquement les mêmes. Mais cette émission directe aurait excité la méfiance. Le public aurait pu craindre que le gouvernement, restant maître de l'émission, ne fût tenté de l'augmenter indéfiniment.

Pour éloigner les appréhensions, l'Etat a donc confié l'émission à un tiers, à la Banque d'Angleterre. Le public est rassuré, mais l'État a bien réellement émis, quoique d'une manière détournée, son papier-monnaie.

Dans tout ceci il n'y a rien qui rappelle la théorie qui a cours en France, et que M. Rouher a bien désignée en l'appelant la théorie de l'*omnium*; à savoir: que *les billets de banque représentent les lettres de change qui sont dans le portefeuille de la banque* (M. Émile Pereire); *que le billet de banque est la représentation solidaire d'un certain nombre de lettres de change.* (M. Isaac Pereire.)

Si cette théorie de la représentation était juste, on devrait pouvoir émettre en toute assurance autant de billets de banque qu'on trouverait de bonnes lettres de change à escompter.

Voyez la banque foncière : autant d'hypothèques fournies, autant d'obligations créées et sans le moindre inconvénient. C'est que la valeur de l'obligation foncière vient en déduction de l'avoir du propriétaire, ce propriétaire ayant transféré, au porteur d'obligations l'équivalent de la jouissance de l'immeuble, c'est-à-dire l'intérêt périodique. C'est que l'obligation foncière représente réellement l'immeuble comme le fondé de pouvoir représente le mandant. Représentant et représenté ne font qu'un.

Rien de semblable avec le billet de banque. Le billet de banque ne grève nullement les lettres de change en portefeuille. La valeur de ce portefeuille reste intacte, quelle que soit l'émission fiduciaire, aux mains de la Banque qui en perçoit le revenu intégral en prélevant les escomptes. Le billet de banque et la lettre de change en portefeuille ne font pas un comme l'obligation foncière et le fond hypothéqué ; ils font deux (1), l'un ne représente pas l'autre ; la valeur du billet de banque n'est point prise sur la valeur des lettres de change en portefeuille, elle est prise sur la valeur de toute la monnaie qui circule.

C'est avec la théorie de la *représentation*, de l'*omnium* qu'on s'efforce de légitimer la monnaie fiduciaire, *l'or supposé* ; mais cette prétendue théorie ne résiste pas devant un examen tant soit peu approfondi.

(1) Voir page 39.

NOTE N° 5.

LA DISTINCTION

ENTRE LA MONNAIE FIDUCIAIRE
ET LE PAPIER-MONNAIE

Beaucoup d'écrivains attachent une grande importance à la distinction qu'ils veulent établir entre la monnaie fiduciaire et le papier-monnaie à cours forcé.

Sans doute le système du cours forcé était par trop franc et sincère, et ce fut assurément un coup d'adresse que de promettre le remboursement métallique à volonté. Cette promesse de remboursement peut bien diminuer le bénéfice de l'émission si, pour faire face au petit courant des remboursements, l'émetteur garde improductive dans ses caisses une certaine provision métallique à lui appartenant, mais la diminution du bénéfice est plus que rachetée par l'illusion qui se produit, et qui pour un temps suffit à maintenir le pair entre la valeur du billet de banque et la valeur de l'or.

L'émetteur arrive ainsi à ses fins comme s'il disposait du cours forcé, il bat monnaie avec une matière qui ne coûte rien, avec du papier. Cours spontanés ou cours forcé, la méthode est changée, mais l'effet est le même : c'est toujours le public qui, s'en doutant ou ne s'en doutant pas, enrichit à ses dépens les émetteurs.

J'appartiens à un pays célèbre entre tous pour le commerce des capitaux et de la monnaie, et qui a fourni longtemps des banquiers à toute l'Europe : la Lombardie.

Aujourd'hui encore, à Paris comme à Londres, l'ancienne rue des banquiers s'appelle du nom des Lombards. Eh bien, la Lombardie n'a jamais cru à la monnaie fiduciaire. L'Autriche, toute puissante et oppressive qu'elle était, n'a jamais pu y faire pénétrer une seule banknote.

Turin a été plus heureuse après l'annexion : les Lombards ont sacrifié leurs traditions monétaires aux dieux de l'unité.

NOTE N° 6

ÉQUILIBRE DU TAUX DE L'ESCOMPTE

ENTRE PARIS ET LONDRES

L'escompte monte en même temps à Paris et à Londres, quand l'Europe expédie des fortes quantités de métal précieux en pays lointains. La rareté qui en résulte fait la cherté du métal, et pour avoir de l'or au comptant, on paye à Paris comme à Londres un escompte plus considérable qu'à l'ordinaire. C'est ce qui est arrivé en 1863. Si à cette époque Paris n'avait pas élevé le taux de l'escompte, ce ne sont pas les encaisses réunis de Paris et de Londres qui auraient fourni les métaux à exporter, c'est l'encaisse de Paris tout seul. Après quelques jours de drainage métallique, la position n'aurait pas été tenable, et il aurait alors fallu, pour se rattraper, porter brusquement l'escompte français à des taux encore plus élevés.

L'escompte peut monter seulement à Paris ou seulement à Londres quand, abstraction faite de toute exportation métallique européenne, l'une des deux places se trouve très-endettée envers l'autre. C'est la place débitrice qui élève le taux de l'escompte ; c'est la place créancière qui ne l'élève pas. Le cas s'est présenté cette année. Le commerce anglais était fortement débiteur envers le commerce français. Le débiteur demandait du temps pour se libérer, et afin de l'obtenir il offrait au créancier un escompte plus lucratif. Paris achetait pour le garder le papier sur Londres, papier qu'on lui négociait avec déduction de l'escompte anglais, plus élevé que l'escompte français. Il n'y avait pas de raison pour que le taux de l'escompte français fût augmenté, et si on l'eût augmenté, Londres aurait dû porter le sien encore plus haut.

Ainsi le besoin d'équilibre fait que tantôt l'escompte monte ou baisse simultanément à Paris et à Londres, et que tantôt il y a hausse sur une place et baisse sur l'autre.

11

Personne ne peut empêcher ces phénomènes.

Mais les mouvements en hausse et en baisse
seraient moins brusques et moins forts si on
abolissait le billet de banque. Je m'explique.

En principe, la Banque de France peut
émettre autant de billets qu'il lui plaît; en
fait, le montant de son émission varie du double au quadruple de l'encaisse métallique.
Prenons la moyenne, le triple : soit 300 millions de billets émis pour 100 millions d'encaisse.

En grande partie l'encaisse de la Banque
appartient, on le sait, aux banquiers, qui peuvent toujours retirer leur métal et l'exporter de
France s'il y a des marchandises et des titres
à payer au dehors.

Que ces banquiers aillent retirer 100 millions de métal. Évidemment, pour maintenir la proportion moyenne entre l'encaisse
et l'émission, la Banque va s'occuper de faire
rentrer pour 300 millions de billets, et elle
n'obtient ce retrait que par un moyen indi-
rect, lequel consiste à refuser la continua-
tion de l'escompte et des avances.

On le voit, l'exportation métallique devait

produire un vide de monnaie de l'importance
de 100 millions; mais ce vide a maintenant
l'importance de 300 millions; mettons 200,
car la Banque ne précipite pas le retrait des
billets. Toujours est-il que la crise s'est ag-
gravée du double, et que cette aggravation n'a
qu'une cause, la monnaie fiduciaire. Si la
Banque de France n'était qu'une simple banque d'escompte, si elle ne faisait point d'é-
mission, les secousses monétaires seraient
moins fortes et moins pernicieuses.

NOTE N° 7

LA BANQUE DE FRANCE ACHETANT
DU LONDRES

Acheter du papier sur Londres et le garder
en portefeuille, c'est avancer des capitaux à
l'Angleterre, c'est lui prêter de l'argent. Autant vaudrait remplir le portefeuille de la
Banque de France de Consolidés trois pour
cent anglais.

Si la Banque de France se mettait à faire de
pareilles opérations, on ne manquerait certainement pas, plus tard, d'élever des plaintes
contre un établissement privilégié et national,
qu'on dirait transformé en comptoir d'escompte britannique. L'achat du Londres est
cependant suggéré. Ceux qui le suggèrent
se promettent que la Banque de France,
pouvant à toute heure se procurer de l'or en

Angleterre, en y vendant son Londres, ne sera plus tenue d'élever le taux de l'escompte à Paris.

Je crois qu'on se trompe, et que la mesure serait tantôt inutile et tantôt inefficace.

Inutile, comme en 1866. La France a de fortes créances sur l'Angleterre, et Londres élève le taux de son escompte, pour obtenir des prêts à l'étranger, pour décider Paris à des prolongations, à des renouvellements d'échéance. L'escompte reste naturellement bas à Paris, sans que la Banque de France intervienne.

Inefficace, comme en 1863. On exporte d'Europe des grandes masses de métal précieux. En présence d'un tel fait, les caisses et le portefeuille de Paris et de Londres ne font qu'une seule caisse et un seul portefeuille, et il n'est pas possible d'escompter à bon marché ni à Paris ni à Londres. Du reste, et la remarque a déjà été faite par bien des personnes, l'opération qu'on suggère à la Banque de France pourrait être effectuée en sens inverse par la Banque d'Angleterre, et les deux efforts se neutraliseraient réciproquement. Après avoir provoqué de fortes perturbations sur les deux

11.

marchés par des fausses demandes de papier,
on se retrouverait au point de départ, sans aucune action sur le taux naturel de l'escompte.

Actuellement, la Banque de France n'est
pas autorisée à acquérir du papier sur l'étranger, je comprendrais donc que, désireuse
d'élargir le cercle de ses affaires, elle se mît
en instance pour obtenir la faculté de négocier
le Londres et l'Amsterdam. Mais je ne vois pas
quel intérêt peut avoir le public à demander
lui-même de nouvelles attributions pour un
établissement commercial déjà si favorisé
par le monopole de l'émission et par plusieurs
priviléges.

NOTE N° 8

LA BANQUE DE FRANCE PRÊTANT
SUR TITRES

Les uns veulent que la Banque de France continue ses prêts sur titres et qu'elle les augmente, les autres veulent que la Banque de France, renonçant aux prêts sur titres, ne fasse plus que l'escompte.

En thèse générale, le prêt sur titres est une opération aussi légitime que l'escompte, et peut-être plus sûre pour celui qui avance les fonds, car il est nanti lui-même d'un gage réel si le titre est de premier choix.

En thèse particulière on pêche contre les principes toutes les fois qu'on crée de la monnaie fictive, de l'*or supposé*, soit pour escompter, soit pour prêter sur titres.

Conclusion : si la monnaie fiduciaire était supprimée, si la Banque de France n'était plus qu'une Banque d'escompte ordinaire, elle serait libre, comme tout le monde, d'escompter ou de prêter sur titres à sa convenance.

C'est le propre du privilége de faire naître des polémiques oiseuses et des questions insolubles. Elles prennent fin les unes et les autres le jour où le privilége disparaît.

NOTE N° 9

DU CAPITAL DE LA BANQUE DE FRANCE

Est-il vrai que ce soit un capital de garantie, et que doit-il garantir?

S'il doit garantir le payement des lettres de change escomptées par la Banque, le capital est *excessif*. La Banque n'escompte que du papier à trois signatures, papier excellent : la banque ne subit jamais de pertes; toutes les échéances lui sont ponctuellement payées par les souscripteurs ou les endosseurs.

S'il doit garantir le remboursement en métal des billets de banque, ce capital est *impuissant*. La Banque posséderait en propre toute la rente française et toute la rente anglaise qu'elle n'en serait pas davantage en état de rembourser ses billets.

Donc le capital de la Banque est autre chose qu'un capital de garantie.

L'État, en accordant le monopole de l'émission et en prorogeant ce privilége, a posé comme condition que la compagnie concessionnaire prêterait un certain nombre de millions au trésor public. Il a bien fallu que les actionnaires versassent les sommes promises à l'Etat. Là est le capital de la Banque. C'est le prix du privilége.

NOTE N° 10

LA BANQUE DE FRANCE

ET LE CRÉDIT GRATUIT

Les promoteurs du crédit gratuit étaient de bonne foi. Ils avaient entendu dire par les professeurs, par les financiers, par les hommes d'État, que le crédit est une grande puissance sociale et que le billet de banque est l'expression idéale du crédit ; ils voyaient qu'effectivement avec les billets émis par la Banque de France on escompte des lettres de change, qu'on achete des rentes, des actions, des immeubles, qu'on paye toute chose, même l'impôt. Ils savaient parfaitement que le billet de banque ne coûte rien à l'émetteur, et ils ont dit : « Pourquoi priver des bienfaits « du crédit la grande masse populaire ? Démo- « cratisons l'émission, et les capitaux qu'on se « procure gratuitement en créant des billets

« de banque, mettons-les gratuitement au
« service des travailleurs. »

Creusez tous les prétendus systèmes de
crédit plus ou moins gratuit, au fond vous
trouverez toujours cette même superstition,
ce même morceau de papier, le billet de banque. Personne n'aurait jamais parlé de crédit
gratuit si les billets de banque n'avaient pas
existé.

Mais ils existent ; on approuve la Banque de
France qui peut en émettre à volonté, qui en
émet pour près d'un milliard de francs, qui en
émettra bien davantage, et les propagateurs
du crédit gratuit se donneraient pour vain-
cus ? Non, ils ne cesseront de se réclamer
d'une institution qui fonctionne, qu'ils prennent pour modèle, et que tout le monde
admire : la Banque de France.

Les publicistes qui ne savent ou qui n'o-
sent combattre la doctrine du billet de banque n'ont rien à dire et n'ont rien dit de con-
cluant contre la doctrine du crédit gratuit.

NOTE N° 11

CHUTE DE LA BANQUE OVEREND GURNEY

« Une banque ne doit jamais immobiliser
« les capitaux qui lui sont confiés, attendu
« qu'on peut toujours les lui redemander. Elle
« ne doit donc commanditer aucune affaire
« ni entrer dans aucune société, ni acquérir
« aucune valeur sujette à dépréciation ; elle
« a en main des capitaux flottants, elle doit
« en faire un emploi flottant, c'est-à-dire es-
« compter, acheter des capitaux à court
« terme, qu'elle puisse toujours convertir en
« monnaie, en faisant au besoin réescompter
« elle-même les effets de son portefeuille par
« d'autres banques ou par des preneurs
« quelconques.(*Mécanique de l'Échange, p.*3.)

La grande banque Overend Gurney, de

12

Londres, avait transgressé ces préceptes connus de tous les banquiers et commis d'autres
fautes. Elle vient de tomber. La chute d'une
maison si importante a naturellement amené
d'autres sinistres et provoqué, avec la panique
financière, de fortes demandes de monnaie.
Fortement demandée, la monnaie a renchéri
extraordinairement, et le taux de l'escompte
s'est élevé comme il s'élève lorsqu'il y a de
grandes exportations de métal. L'acte de 1844
a été suspendu, mais sous de sages conditions.
(Voir page 80.)

A l'annonce, de cet événement, je courus aux
journaux, comptant bien que j'y trouverais les
accusations habituelles contre la Banque
d'Angleterre. Mon attente ne fut pas trompée ;
plusieurs journalistes de Paris attribuent la
crise du marché anglais aux restrictions
imposées à la Banque d'Angleterre par l'acte
de 1844. C'est une erreur.

Quand même la Banque d'Angleterre aurait
été libre, comme la Banque de France, d'émettre une quantité illimitée de billets, elle
n'aurait point pu consentir des avances
importantes à une maison qui n'avait plus de
gage acceptable à fournir. La perte de la

banque Overend Gurney était un fait consommé par lui-même, et il ne dépendait pas
de la Banque d'Angleterre, ni de personne, de
supprimer ce fait, à moins d'intervenir par
une donation de plusieurs dizaines de millions.

Les négociants, les banquiers, les spécu-
lateurs sont et doivent rester responsables
de leurs opérations. S'ils se trompent, s'ils
sont imprudents, si le hasard les trahit, plai-
gnons-les, mais vous avez tort de croire qu'il
suffirait, pour faire prospérer les affaires et
pour prévenir les revers commerciaux, de
prodiguer l'émission de l'*or supposé*. Ce serait trop facile.

15 mai 1866.

QUESTIONNAIRE

ENQUÊTE

SUR

LES PRINCIPES ET LES FAITS GÉNÉRAUX

QUI RÉGISSENT

LA CIRCULATION MONÉTAIRE ET FIDUCIAIRE

QUESTIONNAIRE

§ Ier

DES CRISES MONÉTAIRES

1. Quelles ont été les causes de la crise monétaire de 1863-1864?

2. Quelles analogies et quelles différences cette crise a-t-elle présentées avec les crises antérieures?

3. Les crises monétaires tendent-elles à devenir plus fréquentes? Tendent-elles à devenir plus générales?

4. Quelles sont, dans un pays, les causes régulatrices du taux de l'intérêt?

5. Quelles sont les causes qui ont agi depuis dix ans sur le cours des métaux précieux ?

6. Quelles sont les causes qui ont pu récemment réduire la disponibilité des capitaux ?

7. Y a-t-il eu ralentissement dans la formation des épargnes ou mauvaise direction donnée à ces épargnes?

8. Y a-t-il eu insuffisance de capitaux ou excès d'entreprises ?

9. La constitution de plusieurs sociétés de crédit, sous forme de sociétés anonymes, a-t-elle exercé de l'influence sur les embarras monétaires ?

10. L'existence et l'organisation de ces sociétés sont-elles de nature à éloigner ou à rapprocher les causes de crise ?

11. Quelle influence a exercé sur le marché intétérieur la participation des capitaux français aux entreprises étrangères ?

12. Quels avantages ou quels inconvénients présente la cote à la Bourse de Paris des valeurs étrangères et des emprunts étrangers ?

13. Quelle a été, depuis dix ans, le mouvement d'entrée et de sortie des métaux précieux ?

14. Le déplacement du numéraire a-t-il lieu dans de fortes proportions ?

15. Quelles opérations donnent lieu à ce déplacement ? Exerce-t-il une influence sensible sur les transactions et sur le loyer de l'argent ? Existe-t-il des moyens de détruire ou de limiter cette action?

§ II

DE LA MONNAIE FIDUCIAIRE

16. Quelle est l'utilité de la monnaie fiduciaire ?

17. Le rôle de cette monnaie tend-il à devenir plus important ?

18. Est-ce par les émissions de billets au porteur et à vue, ou à l'aide des compensations par virement, comptes courants, chèques, etc., que le crédit tend à se développer ?

19. L'emploi de la monnaie fiduciaire peut-il prendre un développement indéfini ? Si non, dans quelles limites doit-il être renfermé ?

§ III

DES CONDITIONS D'UNE BONNE MONNAIE FIDUCIAIRE

20. A quelles conditions l'emploi fiduciaire est-il sans inconvénients ?

21. La convertibilité constante des billets est-elle indispensable ?

22. L'unité du billet de banque en favorise-t-elle la circulation ?

23. Quels sont les inconvénients et les avantages de la pluralité des banques, soit générales, soit à circonscription limitée?

§ IV

DES ÉTABLISSEMENTS QUI ÉMETTENT DES MONNAIES

FIDUCIAIRES

24. La Banque de France satisfait-elle à toutes les conditions à exiger d'une banque d'émission ? si non, quelles modifications seraient désirables dans son organisation?

25. Quels avantages ou quelle infériorité présente l'organisation de la Banque de France, relativement à l'organisation et au régime des banques, soit d'émission, soit de dépôt, des autres pays, notamment des banques d'Angleterre, des Etats-Unis, de Hambourg et de Hollande?

26. Y a-t-il intérêt ou inconvénient à séparer le département de l'émission et celui de l'escompte?

27. Le cours légal, tel qu'il existe en Angleterre, s'il était attribué aux billets de la Banque de France, aurait-il pour effet d'en mieux assurer la circulation?

28. Quel nombre de signatures une banque doit-elle exiger pour sa sécurité ?

29. L'émission des billets doit-elle être limitée ? Convient-il de proportionner l'émission à l'encaisse ou au capital ?

§ V

DU FONCTIONNEMENT DE LA BANQUE

30. A quel niveau doit être maintenu l'encaisse des la Banque pour assurer la convertibilité des billets ?

31. Quelles sont les causes qui tendent à diminuer ou à augmenter l'encaisse et les moyens à employer pour en maintenir le niveau ?

32. Quel est le rôle et quelle est la destination du capital de la Banque ? Le capital doit-il être accru ? Quels seraient les effets de cet accroissement ?

33. La Banque devrait-elle aliéner, en totalité ou en partie, les rentes qu'elle possède ? Que ls seraient le effets de cette aliénation ?

34. Le capital des banques d'émission doit-il, en général, être un capital de garantie ou peut-il être employé utilement dans les affaires de la Banque ?

35. Quels sont, pour les banques d'émission et spécialement pour la Banque de France, les avantages et les inconvénients des avances sur dépôt ?

36. L'élévation de l'escompte est-elle le seul moyen efficace de maintenir ou de reconstituer l'encaisse ?

37. Est-il possible de prévenir les variations de l'escompte ou de les renfermer dans de certaines limites?

38. Est-il possible d'imposer à une banque privilégiée un taux fixe d'escompte ou même un maximum?

39. Quels sont les avantages et les inconvénients des petites coupures, notamment au point de vue de la conservation de l'encaisse?

40. Quel est celui des moyens suivants de défendre l'encaisse qui présente le moins d'inconvénients pour le commerce : élever le taux de l'escompte, refuser un certain nombre de bordereaux, graduer le taux de l'escompte d'après les échéances?

41. Le développement actuel des relations internationales entraîne-t-il une certaine solidarité entre les encaisses de toutes les banques d'émission?

42. Quelles sont les conséquences de cette solidarité? Est-il possible de la faire cesser ou de la restreindre?

PARIS. — IMPRIMERIE POITEVIN, RUE DAMIETTE, 2 ET 4.

www.ingramcontent.com/pod-product-compliance
Lightning Source LLC
Chambersburg PA
CBHW070814250626

47170CB00006B/2095